뉴노멀 시대의
장소브랜딩

코로나와 4차 산업혁명이 만든 뉴노멀 시대
지역의 작은 상점부터 쇼핑몰, 마을, 도시, 국가까지
장소의 경쟁력을 높이려면 '브랜딩'에 주목하라!

How does a place create value?

뉴노멀 시대의
장소
브랜딩

이광호 지음

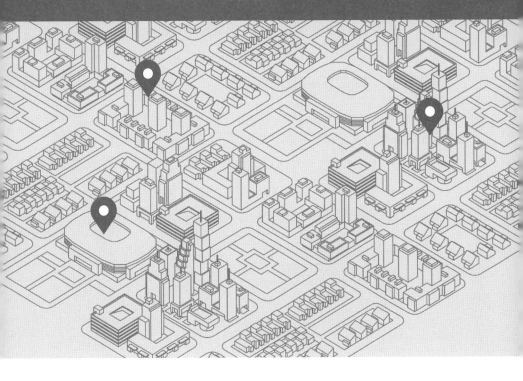

지식공감

브랜딩이 그 '곳'을 먹여 살린다

소위 브랜딩이라 하면 마케팅의 일환이라고 생각하기 쉽다. 물론 틀린 말은 아니지만 상대방에게 주는 느낌과 이미지, 선입견 등을 의미한다는 점에서 광고, 홍보, 마케팅의 최종 목표라고 할 수 있다. 이러한 브랜딩은 기업과 상품, 그리고 공적 영역까지 광범위하게 적용되는데 정말 많은 요소들이 개입되고 상호작용하기 때문에 복잡하고 추상적이다. 하지만 우리가 그토록 브랜드를 외치는 이유는 브랜드가 가진 힘 때문이다. 잘 만들어진 브랜드는 해석하지 않아도 사람들의 마음속에 자리잡아 인식의 틀을 형성한다.

동네의 작은 상점부터 시작해 거리, 도시, 국가에 이르기까지 장소에 있어서도 브랜딩은 중요성이 커지고 있다. 좋은 인식이 형성된 국가나 도시로 사람들은 여행을 가고 싶고, 살고 싶고, 사업하고 싶어 한다. 1975년, 석유파동으로 시작된 경제 위기를 해결하기 위해 실시한 아이 러브 뉴욕(I♥NY) 브랜드 캠페인으로 뉴욕의 부흥기가 찾아오고 구글과 아마존이 탄생한 실리콘밸리가 전 세계 스타트업의 성지가 되었듯이 말이다.

국가적으로 보면 과거부터 제조업 분야에서 최고의 품질을 자랑해 온 독일은 메이드 인 저머니Made in Germany라는 원산지 표기를 브랜드 커뮤니케이션 활동에 적극 활용하며 독일산에 대한 이미지를 신뢰의 이미지로 각인시켰다. 이런 표현이 나타나기 전에도 이미 독일의 제품들의 우수성은 정평이 났었지만 이를 명문화하는 건 또 다른 이야기였다. 국가가 직접 나서 입소문을 공식화하고 사람들의 마음속에 '믿고 쓰는 독일산'이라는 인식을 심어주기 위한 다양한 노력을 펼친 결과였다. 독일에서 생산된 제품에 대한 전 세계의 신뢰는 여전히 유효하다.

독일의 뛰어난 기술력에 대한 문화를 브랜딩해서 최고 품질의 제품을 만드는 나라로 입지를 높이는 것. 이런 국가적인 움직임을 소위 국가브랜딩이라 말할 수 있다. 물론 그 배경에는 독일의 뛰어난 기술력과 문화가 자리잡고 있다. 하지만 잘 만들어진 제품도 제대로 인식시키지 못하면 그 진가를 발휘하긴 쉽지 않다. 즉, 아무리 뛰어난 기술과 제품도 이를 고객들에게 제대로 어필하지 못한다면 무용지물이라는 것이다. 이때 필요한 것이 바로 브랜딩이다.

과거에 장소를 브랜딩 할 때는 주로 국가 차원에서 논의되어 왔다. 1988년 서울올림픽, 2002년 월드컵과 같은 메가 이벤트가 대한민국이라는 브랜드를 세계에 널리 알리는 일등공신이었다. 그런데 현재는 케이팝K-POP과 같은 한류 문화를 비롯해 국제회의, 한국 상품, 한글 등 훨씬 더 복잡하고 다양한 요소들이 작용하고 있다. 그리고 국가보다는 도시, 거리, 랜드마크, 작게는 동네의 상점에 이르기까지 브랜딩의 대상이 더욱더 세분화되고 있다. 이유는 간단하다. AI 기술로 자동화와 연결성이 극대화되는 산업환경의 변화 속에서 국가 간, 지역 간 경계가 허물어진 글로벌 무한경쟁 시대로 접어들었기 때문이다.

우리에게 가장 친숙한 장소브랜딩이라고 한다면 서울의 'I SEOUL U'가 있을 것이다. 세계화의 흐름 속에서 각 도시들은 세계적으로 어필하는 일이 너무나도 자연스러운 흐름이 되었고, 한국의 수도인 서울 또한 변화된 시대에 맞는 새로운 브랜딩이 필요했다. 시민의 참여로 탄생한 서울 브랜드는 현재 서울의 곳곳에서, 온라인과 오프라인 매체를 가리지 않고 비교적 쉽게 찾아볼 수 있다.

이처럼 한 번 고착화된 인식은 해당 장소로 사람들을 끌어당기는 촉매제 역할을 한다. 이 책을 통해 끌리는 곳을 만들어 낸 장소에는 어떤 비법이 숨어 있는지, 성공하는 장소브랜드를 만들기 위해 각 장소들이 택한 전략은 무엇인지 살펴보고 각 장소에 대입 가능한 최적의 방법을 찾길 바란다.

상점, 거리, 도시, 국가 등 지구촌 장소 간의 무한경쟁은 이미 시작되었다. 장소의 매력을 알리고 지속적으로 커뮤니케이션 하는 일은 세계의 모든 장소들이 안고 있는 과제이기도 하다. 이 과제를 해결하기 위한 방법은 모두 다르지만 단 하나 공통적인 것은 코로나 팬데믹과 4차 산업혁명이 만든 뉴노멀 시대를 맞아 장소의 경쟁력을 높이는 방법을 고민하고 있다는 점이다. 한국은 여기에 더해 인구감소에 따른 지역 균형 발전이라는 과제도 안고 있다. 이러한 고민들이 이 책을 통해 조금이나마 해결되기를 기대한다.

이광호

장소에 매력을 더하는 브랜드 커뮤니케이션

2002년 한일월드컵 개막식, 2005 APEC KOREA 정상 만찬 문화공연, 2011 대구세계육상선수권대회 개폐막식, 2018 평창동계올림픽 개폐회식 등 제일기획에서 30년간 몸담으며 수많은 프로젝트를 통해 국가브랜드 홍보 캠페인을 총괄해왔다. 이를 통해 전 세계에 대한민국이란 브랜드의 가치를 알리는 브랜드 커뮤니케이션의 중요성을 몸소 체감했다.

그동안 나의 전문분야인 메가 이벤트의 프로젝트를 살펴보면 도시와 국가브랜드에 미치는 영향과 관련 산업으로의 파급효과가 막대하다. 경제적 효과뿐만 아니라 사람들에게 전해지는 감동과 공감, 폭발적 인식 변화 등 계량화할 수 없는 사회적 파급효과까지 감안하면 비용으로 환산하기 어려울 정도로 파급력이 크다. 일례로 2006년 카타르 도하에서 열린 아시안게임 개·폐막식을 보고 전 세계인들의 아랍권에 대한 인식이 확 바뀌었다. 2012년 런던올림픽의 경우 영국 정부는 개폐회식을 영국이라는 브랜드의 쇼케이스로 활용했다. 메가 이벤트의 즉시성과 파급력을 잘 활용한 성공사례라 할 수 있다.

이와 같은 스포츠 이벤트, 컨벤션과 지역 축제 등 메가 이벤트도 궁극적으로는 해당 장소의 경쟁력을 제고시키기 위한 다양한 수단 중 하나이다. 장소의 브랜드 이미지를 타깃들에게 각인시키는 수단인 것이다. 동네의 작은 카페나 상점부터 시작해 쇼핑몰, 거리, 마을, 지역, 도시에 이르기까지 다양한 '곳'들이 경쟁 우위를 확보하기 위해 총성 없는 전쟁을 펼치고 있다. 그리고 승리를 위한 묘약으로 지금 이 순간에도 각 장소마다 커뮤니케이션 활동이 끊임없이 진행되고 있다.

　이처럼 다양한 장소를 알리기 위한 커뮤니케이션 활동에는 여러 가지 방법이 있다. 전통적으로는 TV, 라디오, 신문, 매거진 등 4대 매체가 커뮤니케이션 채널로서의 역할을 해왔지만 인터넷과 모바일의 발달로 현대인들은 무엇이 커뮤니케이션 채널인지 구분하기 어려울 정도로 다양한 미디어를 접하며 살고 있다.

그런데 시대가 변해도 변하지 않는 것이 있다면 다름 아닌 콘텐츠다. 콘텐츠가 좋으면 사람들은 카카오톡으로, 인스타그램과 유튜브로, 블로그와 카페로 알아서 퍼 나른다. 벨기에 브뤼셀의 오줌싸개 동상, 덴마크 코펜하겐 앞바다의 인어공주 동상, 독일 라인강의 로렐라이 언덕. 이 셋은 해마다 수백만 명이 찾고 있지만 유럽의 3대 썰렁 명소로 꼽힐 정도로 보고 나면 기대에 미치지 못해 허무하고, 속았다는 기분이 들기도 한다. 이런 썰렁 명소를 사람들이 계속 찾게 되는 이유는 명소 그 자체보다는 그 안에 숨어 있는 '스토리'라는 콘텐츠를 확인하고 싶은 마음이 있기 때문이다. 이것이 콘텐츠의 힘이다. 개인이 미디어가 된 시대, 마케팅이 아닌 콘셉팅에 몰두하고 콘셉트에 주목하는 시대에는 장소 역시 독창적인 콘텐츠를 기반으로 지속적이고 일관된 커뮤니케이션이 생존을 넘어 경쟁 우위에 서기 위한 비법이다.

필자는 이 책에서 대내외적인 환경 변화로 새로운 기준이 정립되어 가는 뉴노멀 시대에 왜 브랜드가 중요한지, 장소브랜딩이란 무엇인지, 어떻게 하면 효과적인 장소브랜드를 만들 수 있는지 알려준다. 장소브랜드의 용어와 개념에서부터 출발해 네 가지 장으로 구분하여 장소브랜드 개발 전략과 국내외 장소들의 브랜딩 성공사례를 생생히 소개하고 있다. 더 나아가 장소의 정체성 수립하기, 콘텐츠 만들기, 인프라 만들기, 거버넌스 전략, 소통 전략까지 다루고 있다. 현재 각 장소에서 경쟁력을 끌어올리기 위해 고군분투 중인 행정가, 마이스MICE 산업 관계자, 지역 소상공인, 도시와 지역 홍보 마케팅을 다루는 실무자와 관련 전공 학생들에게 장소브랜딩의 이론과 풍부한 사례가 동시에 담겨 있어 실전 적용에 큰 도움이 될 것이다.

제일기획 브랜드 익스피리언스 솔루션 본부 마스터 이도훈

Chapter 1

장소를 바라보는
색다른 시선,
브랜딩

01

장소브랜딩의
개념과 등장

필자가 스무 살이 되던 해의 어느 날, 당시 유행하던 컨버스^{Converse} 신발을 사고 싶어 친구에게 신발가게에 같이 가자고 이야기했다. 동네에 컨버스 매장이 있었기 때문에 건넨 말이었는데 친구의 생각은 달랐다. 4호선 지하철로 1시간 남짓 거리에 있는 명동으로 가자는 것이었다. 이유를 묻자 한마디 들었다.

"느낌이 다르잖아…"

그때는 잘 몰랐지만 돌이켜 생각해보니 이 한마디에는 강력한 인사이트가 숨어 있었다. 친구의 인식 속에는 같은 모델의 상품도 동네에서 사는 것과 서울의 중심이자 아시아의 쇼핑 중심지 중 하나인 명동에서 사는 것이 차이가 있었던 것이다. '원산지 효과'가 특정 국가에 대한 인상이나 신념이 그 국가에서 생산한 제품의 매출에 영향을 미치는 것으로 정의한다면 위 사례는 가히 '장소 효과'라 불릴 만하다. 이러한 인식의 차이는 우리 주변에서 쉽게 찾아볼 수 있다. "당신이 사는 곳이 당신이 누구인지 말해줍니다."라는 어느 아파트 광고처럼 마치 사는 곳이 그 사람의 모든 걸 보여주는 것처럼 받아들이는 세상이 된 것 같다. 사는 곳으로 사람을 판단하고 그것을 바탕으로 차별과 혐오가 나타나기도 한다. 분명한 것은 대부분의 사람들은 현재보다 나은 미래를 위해 더 좋은 환경이 갖추어진 곳에서 살기를 원한다는 사실이다. 이처럼 거주지, 구매지, 관광지 등 장소에 대한 인식의 차이를 만들어 내는 것은 다름 아닌 브랜드다. 미국 마케팅학회는 '브랜드'란 소비자가 판매자 또는 판매자 집단의 제품이나 서비스를 식별하고 경쟁 제품이나 서비스를 구별하도록 의도된 이름, 용어, 심벌디자인 또는 그것의 조합이라고 정의하고 있다. 현재는 도시 행정구역의 영역에도 적용되어 도시브랜드 City Brand 라는 명칭으로 사용되고 있다. 도시브랜딩은 도시브랜드를 기반으로 모든 고객들이 의사결정을 내리고 도시에 대한 인식을 명확하게 하는 것이다. 이러한 도시브랜딩은 도시 행정의 주요 전략으로 활용되고 있으며 도시정체성을 강화하고 지속 가능한 사회를 위해 세계의 도시들은 도시를 브랜드 관점으로 전환하고 있다. 도시를 둘러싼 구성원들의 긍정적 인식은 지역에 대한 애착심과 구성원들의 단결심을 고취시키는 데 적극적으로 활용되고 있다. 지역 구성원들은 도시의 실체적 이미지와 상징적 이미지에 따라서 도시브랜드 정체성의 구성요인인 태도, 인지도, 선호도, 충성도가 증가하게 된다.

> "장소브랜딩은 일반적인 브랜드 관리에 비해 효과적인 전략 수립이 어렵다. 장소를 유명하게 만들려는 의도적 접근보다는 장소를 의미 있게 만드는 일에 주력해야 한다. 이를 위해 장소 고유의 정체성을 개발하고 정교화 과정을 거치는 전략적 관리가 필요하다"
> – 김유경·김유신, 〈공공브랜드의 이해〉 중

장소브랜딩Place Branding은 거주민, 구매자, 투자자, 관광객 등 장소를
둘러싼 다양한 사람들이 해당 지역을 매력적인 곳으로 인식할 수 있도
록 독특한 이미지를 만들고 이를 통해 부가가치를 창출하는 다양한 방
식의 전략, 즉, 특정 장소에 대해 사람들의 긍정적 인식을 제고시키는
일련의 활동이라 할 수 있다. 상품과 브랜드 이론에서 도입된 장소브
랜드는 다른 도시·지역과 차별화된 브랜드일수록 그 가치가 높아진다.
그런데 장소브랜드는 기업의 경우 비용에 대한 제약이 적고 전략적으
로 사용할 수 있는 체제와 주체가 정비되어 있는 반면, 관 주도의 브랜
드 활동은 지자체를 구성하는 행정단위의 경우가 많아 효과적인 브랜
드 관리가 어렵다. 전략은 잘 수립한다 하더라도 무작정 마케팅 비용
을 설정할 수 있는 구조가 아니고, 전문기업에 의뢰하는 용역사업도 연
간 단위가 대부분이어서 사업의 연속성을 보장하기 어렵다. 또 장기적
관점에서 장소에 대한 의도적인 브랜딩은 해결책보다는 문제를 일으킬
수 있다는 것도 효과적인 장소브랜딩을 어렵게 하는 걸림돌이다. 따라
서 장소브랜딩에 앞서 충분한 현황 파악과 사전 조사, 광범위한 타깃층
에 대한 이해를 바탕으로 확고한 정체성을 설정하고, 통합적이고 일관
된 커뮤니케이션 프로그램을 개발해야 한다.

장소에 브랜딩이 왜 필요할까?

　쇼핑몰, 복합문화공간, 거리, 도시 등 장소를 지속 가능한 브랜드로 만들기 위해서는 그 제공 가치가 새롭고, 경쟁 장소들의 제공 가치와 차별화되어야 한다. 또 해당 장소와 그 장소의 자원과 역량 등을 지속 가능하게 해야 하고 도시의 고객, 즉 거주민, 관광객, 투자자, 기타 이해 관계자에게 유익하고 가치 있어야 하며, 나아가 그들의 참여를 통해 만들어져야 한다. 기본적으로 장소브랜딩은 이러한 장소의 고객들과의 끊임없는 관계 형성 과정이기 때문이다.

　그럼 왜 장소에 브랜딩이 필요할까? 이유는 크게 두 가지이다.

　첫째, 살아남기 위한 현실적인 방법이 브랜딩이기 때문이다. 장소가 브랜딩을 통해 얻고자 하는 것은 방문객의 유도, 투자 유치, 거주민의 증가 등이다. 장소 간 경쟁은 국가 내 경쟁을 넘어 해외 각 장소들과의 경쟁이다. 동북아시아 관광객 유치를 위해 서울과 도쿄, 북경이 경쟁하는 것이다.

　둘째, 좋은 곳이라는 이미지 자체가 중요하기 때문이다. 장소의 이미지 관리가 궁극적인 결과인 경제적 효과만큼이나 중요하다. 사람들이 어떤 곳이라고 하면 긍정적 이미지를 떠올리고 동경의 대상이 되도록 하는 것 자체가 중요하다. 장소브랜딩은 비용 낭비가 아니라 장소가 궁극적으로 원하는 사회·경제적 효과를 얻기 위한 든든한 초석이다. 나아가 사람들이 필요로 하는 가치를 제공하는 장소로 인식되고 긍정적 이미지 유지를 위해서도 필요한 전략적 선택이다.

장소의 콘텐츠

장소브랜딩은 알맹이(콘텐츠)를 만드는 것과 알맹이를 알리기 위한 커뮤니케이션 기획 및 실행이 핵심이다. 알맹이는 장소의 역사, 문화, 인적자원, 시설과 같이 이미 보유하고 있거나 잠재력이 있는 자산을 뜻하고, 새로운 시설이나 조직을 만드는 것도 포함된다.

알맹이는 필수 콘텐츠와 고유 콘텐츠로 나눌 수 있다. 물론 장소 안에 이것들만 있는 것은 아니다. 도시의 경우 주거, 교육, 의료, 행정서비스, 규제 등도 장소를 구성하는 기본적인 알맹이들이다. 그러나 우리는 외부인구 유입이라는 관점에서 바라볼 필요가 있다. 즉, 알맹이를 어떻게 구성하고 어떻게 커뮤니케이션해서 외부 사람들을 오게 할 것인가가 관건이다.

장소브랜드 개발 전략의 유형은 장소가 제공하고자 하는 가치의 성격에 따라 세 가지 유형으로 나누어질 수 있다. 첫째, 기존의 핵심가치를 더욱 강화하고 확장하는 브랜드 강화 전략, 둘째, 기존의 잠재가치를 발굴해 새로운 시대적 흐름에 맞게 개발하고 발전시켜 핵심가치화하는 브랜드 리포지셔닝 전략, 셋째, 기존에 그 장소가 가지고 있지 않던 새로운 가치를 창조하고 개발해 그 장소에 접목하여 핵심가치로 실현하는 브랜드 재창조 전략이다. 이를 요약하면 다음과 같다.

구분	브랜드 강화 전략	브랜드 리포지셔닝 전략	브랜드 재창조 전략
가치 유형	기존 핵심가치의 강화	잠재가치의 핵심가치화	새로운 핵심가치의 실현
개념	기존에 보유한 고유의 핵심가치를 지속적으로 강화함으로써 오리지널리티인 핵심가치를 확장시킨 장소브랜드 전략	잠재적으로 보유하고 있던 가치를 발굴하여 새로운 시대적 흐름에 맞게 개발하고 발전시켜 핵심 가치화하는 장소브랜드 전략	기존에 존재하지 않았던 새로운 가치를 도입하고 개발하고 창조하여 지역에 맞게 적용해 새로운 핵심가치로 재창조하는 장소브랜드 전략

© 김영수, 〈도시브랜딩 전략 : 어떻게 도시브랜드를 만드는가?(Ⅲ)〉, 월간 자치발전 2011년 3월호

다양한 접근 방식을 언급했지만 장소브랜드의 정체성을 구현하는 요소로 어떤 문화콘텐츠를 사용할지는 전략적 선택에 따른다고 볼 수 있다. 이때 선택을 위한 평가기준은 장소의 정체성에서 나온 것이어야 하고 정체성을 강화할 수 있는 전략적 선택이어야 한다. 이러한 전략적 선택이 성공 가능성을 높이기 위해서는 몇 가지 판단 기준이 있다.

1) 연계성

먼저, 장소 내에서 지속 가능한 문화콘텐츠를 보유하고 있는지 확인해야 한다. 장소가 생산할 수 있는 문화자원에는 크게 세 가지 유형이 있다.

첫째, 하드웨어적인 문화자원이다. 전주의 한옥마을과 같이 공간적 범위가 넓은 것일 수도 있고 파리의 에펠탑과 같이 랜드마크적인 것일 수도 있다. 혹은 박물관이나 공연장과 같은 이벤트적인 행태를 담기에 다소 쉬운 형태의 문화자원이 있을 수도 있으며 거리나 골목과 같이 동태적인 행태를 유도할 수 있는 공간도 있을 수 있다.

둘째, 소프트웨어적인 문화자원이다. 안동의 양반문화, 남원의 판소리, 천안의 구전문학 등이 이러한 형태라고 할 수 있다. 어떠한 문화자원은 지역에서 광범위하게 라이프스타일로 받아들여지는 것일 수도 있지만 또 어떤 문화자원은 하나의 문학작품이나 축제인 경우도 있다.

셋째, 휴먼웨어 Humanware에 해당하는 것이다. 즉, 인적자원이다. 지역 출신의 유명한 예술가나 문학가 등이 해당되는데 동아리나 예술단과 같은 공동체 형태로 존재할 수도 있다. 이들 자원이 가진 인지도와 공감 가능성 등에 따라 전략적 선택이 가능하다.

2) 차별성

성공적인 장소브랜드 콘텐츠 전략을 위한 또 다른 판단 기준은 차별성이다. 상당수 도시에서 지역 활성화를 위한 전략 도입 시 선진사례나 경쟁도시의 사례를 벤치마킹해 도입하다 보니 실제 경쟁하게 되는 주변 다른 도시와의 차별성을 고려하지 못하는 경우가 많다. 가령 '~리단길'이 대세라고 하면 똑같이 지명을 따라 만들고, 인근 지자체에서 지역 캐릭터를 활용한다고 하면 필요성에 대한 진지한 고민 없이 단기간에 만들어내는 식이다. 물론 차별성 확보가 중요하다고 해서 기존에 없는 콘텐츠를 만들어 내는 것이 쉽지는 않다. 그러나 우리 지역과 실질적인 경쟁 관계에 있는 경쟁자를 선정하고 이들이 갖고 있는 콘텐츠와의 중복성 점검과 같은 콘텐츠라 할지라도 차별성을 어떻게 확보할 것인지 고려하는 것이 필요하다.

3) 타당성

세 번째 판단 기준은 지역 주민들이 적극적으로 참여할 수 있고 삶의 질을 개선할 수 있는 콘텐츠, 즉 '고객에게 타당한 문화콘텐츠를 제공할 수 있는가?'이다. 예술의 섬으로 불리는 일본 나오시마는 현대미술을 중심으로 도시브랜딩을 위한 문화콘텐츠 전략을 수립하며 지역주민들의 호응을 얻을 수 있는 방향을 선택했다. 쉽게 참여할 수 있는 미술 프로그램을 다양하게 개발하면서 방문자들이 만족하고 주민들이 자부심을 느낄 수 있는 가치를 제공할 수 있었다. 여러 문화시설들도 단순한 관람보다는 참여와 경험을 통해 지역을 확실히 인식시키고 개인 SNS 채널로의 자발적 확산을 유도하면서 구리제련소가 있던 버려진 섬에서 일본의 대표 관광명소로 탈바꿈했다.

장소브랜드의 CDRS 전략

장소를 브랜드화하거나 리포지셔닝 하기 위해서는 해당 장소와 브랜드 정체성에 연계성이 있는가Connective, 경쟁 장소와 다른가Different, 고객들에게 타당한가Relevant, 그리고 장소가 가진 역량과 자원이 지속 가능한가Sustainable를 점검해야 한다. 이것은 도시뿐만 아니라 상업시설과 특화거리, 마을 등 더 작은 규모의 장소에도 적용할 수 있다.

장소브랜드의 CDRS 전략

환경
정체성과 연계성이 있는가

경쟁도시
경쟁도시와 다른가

Connective

Different

Place Brand

Sustainable

Relevant

지속가능성
지속가능한 자원인가

고객
고객들에게 타당한가

⋯ 김영수·정의홍·김우현·이성일의 저서 〈지역을 살리는 로컬브랜딩(2018)〉에서 도시와 지역을 성공적으로 만들어가는 과정에서 고려해야 할 요소를 NDSR(New, Different, Sustainable, Relevant) 프레임으로 제안한 바 있으며, CDRS 전략은 확장성 있고 포괄적인 장소브랜드 개념으로 설명할 수 있음.

장소브랜딩 변천사와
미래가치

'그곳'에서만 누릴 수 있는 특별한 감성을 찾아서

··· 홍대입구역 9번출구

젊음의 상징으로 통하는 서울 홍대. 우리가 흔히 홍대라고 했을 때 사람들은 홍익대학교를 연상하는 것이 아니다. 오늘 약속을 잡은 사람에게 홍대는 연트럴파크 근처의 카페일 수도 있고, 상수역 가는 길 조용한 주택가 안에 자리한 작은 가정식 식당일 수도 있고, 삼거리포차 앞 클럽거리의 모던록 클럽일 수도 있다. 그렇게 우리들의 홍대는 취향에 따라, 기분에 따라 그때그때 달라질 수 있는 바로 '그곳'이다. 1020 세대는 홍대로 가고, 2030 세대는 이태원이나 강남으로 간다는 말이 있을 만큼 젊은 세대에게 홍대는 자신의 취향을 충족하는 콘텐츠가 넘치는 종합선물세트와 같은 장소에 가깝다.

홍대스타일라는 단어는 또 어떤가. 정확히 규정하기 어렵지만 우리의 머릿속에 홍대스타일은 비교적 명확한 이미지를 가지고 있는데 유독 특정한 스타일과 취향을 가진 사람들을 홍대에서 많이 볼 수 있다는 것이다. 홍대스타일라는 단어 안에는 눈에 보이는 패션, 독특한 가게들을 비롯해 홍대에서 경험할 수 있는 다양한 체험들이 포함된다. 가령 홍대를 자주 찾은 사람들이나 주변에 거주하고 있는 사람들에게 막걸리 아저씨, 플리마켓, 상상마당, 그리고 걷고 싶은 거리의 버스킹 공연팀 한두 개 정도는 자연스레 공감할 수 있는 키워드이기도 하다. 만남의 장소로는 홍대입구역 9번출구 KFC 앞이 자연스레 상기된다.

홍대라고 하면 사람들은 젊음, 예술, 창조, 인디, 언더그라운드, 비주류, 실험, 열정, 미술, 클럽 등의 단어를 떠올린다. 지금의 홍대스타일을 만든 것은 유명한 건물이나 인위적으로 만들어 낸 거리의 모습이 아니라 오랜 시간 동안 사람들이 머물고 활동하며 생겨난 다양한 문화에 대한 인식과 가치다. 여기에서 우리는 장소의 정체성과 이미지를 구분할 필요가 있다. 장소의 정체성은 그 장소의 모습과 특성이 실제로 어떤지를 의미하고 장소의 이미지는 그 장소에 대한 사람들의 인식을 의미한다. 미술학원이 즐비한 거리, 빈티지 콘셉트의 옷가게, 외국인이 더 많은 클럽, 어디에서도 본 적 없는 독특한 카페 등은 홍대의 정체성을 형성해주는 중요한 요소들이다. 사람들이 그 장소에서만 발견할 수 있는 특성을 지속적으로 연상할 수 있게 되고, 그것이 유지되면 정체성이 만들어진다. 그리고 이렇게 형성된 정체성은 해당 장소에 특별한 인식과 기억을 만든다. 다른 장소와 차별화된 정체성이 없거나 직접 경험을 통해 기억되는 장소가 없으면 개성있는 건축물이나 공간이 있더라도 그 장소는 사람들의 관심 밖으로 사라진다. 즉 장소의 정체성은 장소가 존재할 수 있는 근거가 된다. 홍대에 대한 이미지 역시 이런 홍대의 정체성에 영향을 받을 수 있다. 하지만 이미지는 정체성과 상관없이 존재할 수도 있다. 홍대의 정체성을 인식하지 못해도 홍대에 대한 이미지는 만들어질 수 있기 때문이다. 사람이든 사물이든 이미지라는 것이 눈에 보이는 것 이상의 느낌을 의미하기 때문에 장소의 관점에서도 해당 장소 전체가 만들어 내는 느낌이라고 할 수 있다. 또한 '멋있다, 분위기 좋다/별로다, 낯설다'와 같이 심리적이고 감성적인 느낌까지도 포함된다. 이미지와 비슷하게 장소에 대해 사람들이 공통적으로 지닌 견해와 사고, 즉 스테레오타입도 존재할 수 있다. 스테레오타입은 장소의 가치를 높이는데 유리할 수도 있고 불리할 수도 있는데 왜곡이나 단순화의 특징을 나타낸다. 많은 경우 대중매체 등에 의해서 만들어지고 강화되며, 장소이미지 형성에 지대한 영향을 끼친다.

　1990년대 말까지만 해도 홍대의 클럽들은 마약의 온상이라는 이미지가 강했다. 해외유학 경험이 있는 젊은이들이 홍대 클럽에서 마약을 했다는 뉴스는 홍대 클럽에 대해 부정적인 이미지를 만들었다. 이런 이미지는 시간이 지나면서 저절로 사라지기도 하지만 그 장소에 관계된 사람들이 적극적으로 개입해 긍정적인 이미지로 변화시키는 경우도 있다. 2001년 3월, 4명의 클럽 대표와 800여 명의 클럽마니아가 '홍대클럽 하나 되기'라는 슬로건 아래 시도한 클럽데이가 대표적이다. 클럽문화의 대중화와 문화의 다양성 확보 등을 목표로 기획된 클럽데이는 젊은이들 사이에서 붐을 일으켰고, 지역 상권 활성화에도 영향을 미치며 홍대 지역의 상가와 서울시의 지원까지 얻게 되었다. 그리고 이 행사는 '클럽=홍대'라는 장소의 정체성으로 다른 곳과 차별화된 색다른 장소를 만드는 데 결정적인 역할을 했다. 매월 마지막 주 금요일에 '라이브 클럽데이'라는 이름으로 열리는 이 행사는 하나의 티켓으로 9개의 공연장을 자유롭게 다닐 수 있다. 이처럼 어떤 장소에 대해 개인들이 갖는 이미지는 긍정적일 수도 있고 부정적일 수도 있다. 물론 이런 이미지들은 의도적으로 만들어질 수도 있으며, 변화시킬 수도 있다. 정말로 중요한 것은 물리적인 장소 그 자체가 아닌 장소에 대한 인식이다. 바로 그 인식이 사람들이 머물고 있는 '그곳'을 살릴 수도 있고 죽일 수도 있다. 장소브랜딩은 눈에 보이는 멋진 건물이나 도시를 만드는 것이 아니라 이미 만들어졌거나 만들 계획이 있는 건물, 마을, 도시 등 장소에 대한 긍정적인 이미지를 불어 넣고, 고유의 정체성을 가진 곳으로 정착히도록 만드는 작업이다.

전략적 관리의 대상, 장소

"플레이스(장소)를 브랜드화 하려면 플레이스에 대한
이미지 생성 과정에 적극적으로 개입할 필요가 있다."

– 박상훈·장동련, 〈장소의 재탄생〉 중

의외로 사람들은 결정을 내려야 할 때 이성보다 감성이 먼저 작용하는 경우가 많다. 사실 어떤 장소에 대한 판단을 할 때 이용하는 정보는 극히 제한적이고 적은 양이다. 온라인 매체와 주변 사람들로부터 획득한 정보와 제한적 경험에 의해 장소에 대한 이미지가 만들어진다. 그리고 한 번 생성된 장소에 대한 이미지는 여간해서 잘 바뀌지 않는다. 제한된 정보를 통해 직관적이고 감성적 판단이 이루어지면 그 판단에 맞는 정보들을 수집해 그 감성적 판단을 더욱 강화하는 것이 일반적이기 때문이다. 따라서 장소가 긍정적인 정체성을 형성하는 데 도움이 될 만한 정보들을 적극적으로 유통시키는 작업을 해야 한다. 강력하고 뚜렷한 장소브랜드 정체성을 형성하려면 장소에 대한 정보가 노출되는 다양한 접점을 총체적으로 관리해야 한다. 홍대를 비롯해 가로수길, 이태원 경리단길 등의 사례는 장소가 끊임없이 긍정적인 이미지와 가치가 만들어지기도 하고, 부정적이고 왜곡된 이미지가 만들어지기도 하는 살아있는 유기체와 같은 것이라는 것을 잘 보여준다. 장소를 제대로 바라보기 위해서는 개인들의 체험을 기반으로 형성된 인식과 가치를 함께 보아야 한다. 그리고 효과적인 장소브랜딩을 위해서는 그 인식과 가치에 주목해야 한다. 장소의 의미와 가치가 생성되는 과정에 적극적으로 개입하지 않으면 사람들의 기억 속에서 사라질 수 있을 뿐만 아니라 잘못된 이미지를 만들어 낼 수 있다. 그렇게 되면 글로벌 도시경쟁 시대에서 뒤떨어지게 되고 장소브랜드와 관련해 무궁무진한 가치를 창출하는데 어려움이 뒤따르게 된다.

끌리는 도시를 만드는 브랜드

《체험마케팅》의 저자 번 슈미트 Bernd Schmitt는 "브랜드란 소비자가 마음속으로부터 갖고 있는 다른 기업, 상품, 서비스, 비즈니스 모델과 차이 나는 독특한 그 무엇이다. 그것은 곧 소비자에게 주는 기업의 이미지, 상품, 서비스, 비즈니스 모델의 전체적인 문화를 의미한다."라고 말한 바 있다. 브랜드 분야의 세계적 석학 데이비드 아커David A. Aaker는 "브랜드는 기능적 가치, 정서적 가치, 자아 표현적 가치를 아우르는 통합적 가치"라고 말했다. 유니타스브랜드의 권민 편집장은 "브랜드는 처음에 명사로 시작한 단어였다. 그러나 이제는 동사인 '차별화하다, 품질을 높이다, 명성 있게 만들다, 가치 있게 만들다'로 바뀌었다. 또한 형용사인 '아우라가 있는, 차원이 다른, 특별한 차이가 있는'의 의미로도 쓰인다."라고 말한다. 이쯤 되면 최소한 브랜드가 단순한 구별이 아니라 눈으로 보이지 않는 무형의 가치를 포함하는 총체적 개념이라는 것을 알 수 있다.

그렇다면 도시브랜드란 무엇일까? 아커의 정의를 적용해 보면 도시브랜드는 도시의 기능적 가치, 즉 산업, 일자리, 거주, 교통, 관광 그리고 휴식을 위한 삶의 터전이라는 가치를 넘어선 정서적 가치와 자아 표현의 가치가 포함된 총체적 개념이라고 정의할 수 있다. 장소적 정의가 명확한 도시브랜드는 해당 도시를 다른 도시와 구분하고, 비교우위를 점할 수 있도록 만들어준다. 제대로 된 브랜드를 만들기 위해서는 로고와 심벌을 만들기 전에 먼저 "우리가 누구인가? 왜 존재하는가? 우리는 누구에게 어떤 가치를 제공하는가? 그리고 우리가 제공하는 가치를 고객들이 고개를 끄덕이며 인정하는가?"라는 질문을 진지하게 던져야 하고 명확하게 답할 수 있어야 한다.

나이키는 '일단 해봐(Just Do It)'라는 간결한 슬로건으로 기업의 정체성을 담고 있다. 이런 가치와 철학이 전 세계인들에게 위로와 울림, 용기를 주었고 모방할 수 없는 경쟁력이 된 것이다. 이러한 가치와 철학 중심의 브랜드 개념은 도시브랜드에도 그대로 적용되고 있다. 국내에서 수백 개의 지역브랜드가 등장하며 브랜드 홍수 시대를 이루고 있지만 과연 '우리 도시는 누구인가? 우리 도시는 왜 존재하는가?'에 대한 궁극의 질문에 답하고 심사숙고하여 개발된 도시브랜드가 얼마나 될지는 의문이다. 철학이 없는 브랜드가 강력한 브랜드로 인식되지 못하는 것처럼 철학에 대한 고민이 없으면 차별화된 도시브랜드가 될 수 없다. 우리 동네 시장에, 축제에, 새로운 개발지역에 사람들을 많이 방문하게 만들까를 고민하기 이전에 우리 지역이 가진 철학이 무엇인지 심도 있게 고민해볼 필요가 있다. 철학이 없는 도시에 호감을 갖고 팬이 될 고객은 아무도 없기 때문이다.

> "브랜딩은 경험을 통해 관계를 구축하는 것이다"
>
> – 윤영석·김우형, 〈도시 재탄생의 비밀, 도시브랜딩〉 중

브랜딩은 일회성 이벤트가 아니다. 그렇다고 이벤트를 매년 꾸준히 한다고만 해서 브랜딩이 되는 것도 아니다. 브랜딩은 고객과의 관계를 구축해 나가는 것이다. 아무리 비주얼을 바꾸고 거대한 축제나 행사를 잘 치러 낸다 하더라도 고객들과 관계가 만들어지지 않으면 그것은 인지도를 높이기 위한 홍보 활동이지 고등 수준의 브랜딩이라고 할 수 없다. 브랜딩이 관계 지향적으로 갈 수밖에 없는 이유는 그것이 인간의 기본적인 속성이기 때문이다. 인간의 동기에 관한 고전 이론인 매슬로우의 욕구단계설이나 여타의 동기 이론을 보더라도 인간이 관계적 존재라는 것은 자명한 것이고, 인간이 관계를 통해 소속감을 얻고 자신의 정체성을 찾아가는 것은 본능적인 현상이다. "브랜딩은 관계를 구축하는 것이다."라는 명제는 도시브랜딩에도 그대로 적용된다. 브랜딩이 잘 되어 있는 도시는 다양한 사람들과 관계를 만들어나가며, 사람

들은 특정 도시에서 거주하고 일하는 것을 통해 도시와의 관계를 강화시키고 자신의 정체성을 확장시켜 나간다. 예를 들어, 뉴욕에 거주하는 뉴요커들은 뉴욕 특히 맨해튼이라는 곳과 떼려야 뗄 수 없는 관계를 만들어가며 그 안에서 자신이 문화를 사랑하고 트렌드를 주도하며 살아가는 부류라는 정체성을 강화시켜 나간다. 이들은 "Where are you from?"에 대한 질문에 "I'm from the United States"가 아니라 "I'm from New York"이라고 답한다. 파리에 거주하는 파리지앵들은 자신들이 파리에 살면서 도시에 애착을 느끼고 특별한 관계를 맺고 있다고 생각하고 자신이 파리지앵으로 불리는 것에서 자신의 존재 의미를 찾고 만족감을 얻는다. 반면 브랜딩이 되어 있지 않은 도시에서는 관계를 찾아보기 어렵다.

최근 한국을 비롯한 많은 아시아의 중소 도시에서는 도시의 경쟁력을 키우기 위해 랜드마크를 만들고 도시를 대내외적으로 알리기 위한 활동을 적극적으로 펼치고 있다. 그런데 이에 앞서 선행될 과제는 도시의 정체성에 대한 명확한 규정이다. '너 자신을 알라'라는 말은 도시나 국가와 같은 장소에도 적용된다. 새로운 랜드마크를 만들면 도시 경관이 개선되는 측면에서는 긍정적인 효과가 있지만 도시브랜딩에 대한 충분한 이해가 없는 상황에서 랜드마크를 만들면 소위 가성비가 떨어질 수 밖에 없다. 비용 대비 충분한 효과를 기대하기 쉽지 않다는 의미다. 기본적으로 브랜딩을 차별화라고 정의한다면 도시를 브랜딩한다는 것은 도시를 다른 도시와는 차별화된 가치를 제공하는 곳으로 구축해 가는 활동이라고 말할 수 있다. 《도시 재탄생의 비밀, 도시브랜딩》의 공동저자 윤영석 국회의원과 김우형 유니타스클래스 대표에 따르면 어떤 건물을 짓기 전에 먼저 해야 할 일은 도시가 어떤 차별화된 '가치'를 제공할 것인가를 정의하는 일이고, 그렇게 하기 위해서는 포지셔닝 개발에 많은 에너지와 시간을 투입해야 한다. 사실 도시의 포지셔닝을 개발하는 일은 눈에 보이지 않는 추상적인 콘셉트를 개발하는 과정이기 때문에 도시의 다양한 고객을 동시에 고려하고 조사와 분석에 많은 시간을 투입해야 한다. 앞으로 지어진 주거시설, 상업시설, 문화시설을 비롯해 보행환경, 도시 인프라, 관광시설물 등은 도시가 어떤 가치를 제공할 것인가에 매우 큰 영향을 미친다. 도시의 철학과 스토리가 가치에서 시작되기 때문이다. 도시브랜딩에 성공한 도시의 공통점 중 하나는 도시의 '고객'을 명확하게 구분하고 고객을 위한 전담팀을 만들고 고객별 포지셔닝을 개발했다는 점이다. 포지셔닝 개발 이후에는 커뮤니케이션 전략과 프로그램을 개발해서 적용하고 있다. 도시나 국가의 행정 측면에서는 고객이라는 용어보다 이해관계자라는 용어가 더 자주 쓰이지만 도시를 브랜딩하기 위해서는 '누가 고객인가'를 명확히 인식하는 것이 필수적이다.

한국의 도시들, 매력적인 브랜드로 업그레이드할 수 있을까?

국가브랜드 개념의 창시자인 사이먼 안홀트 Simon Anholt가 해마다 세계 50개 도시를 조사한 '안홀트 도시브랜드 인덱스'를 발표한다. 도시브랜드를 평가할 때 가장 권위 있는 이 지수를 살펴보면 서울은 2013년 36위에서 2020년 29위로 소폭이지만 상승 추세에 있다. 안홀트는 이러한 상승 요인이 대중문화에 비롯해 한국이 국제사회에 유의미한 기여를 한 결과라고 설명한다. 한국에도 경주, 안동과 같이 베니스와 견줄만한 역사적인 도시와 서울과 같이 뉴욕보다 고층건물이 많은 대도시가 있다. 결국 도시의 평판에 차이를 만들어 내는 것은 도시의 구성원들이 더 나은 지역을 만들기 위해 책임감을 갖고 협력하며 국내외적인 영향력을 발휘해 나가는 것이다.

브랜드는 고대 유럽에서 가축의 소유주가 자신의 가축에 낙인을 찍어 소유주를 표기하던 것에서 유래되어 현대사회에서는 상품이나 서비스를 경쟁자들의 것과 구별하는 정체성과 상표로서 사용되어 왔다. 1980년대의 세계화와 자본주의 경쟁이 증가되면서 기업들은 브랜드에 관심을 갖기 시작했다. 브랜드는 기업의 가장 중요한 자산이 되었다. 브랜드는 일반적으로 재화나 서비스를 식별하기 위한 명칭, 로고, 슬로건과 같이 이름이나 상징물의 결합체이다. 마케팅이 제품과 서비스의 판매를 위한 촉진활동이라면 브랜딩은 무형의 자산을 구축해 가는 과정이라 할 수 있다. 브랜딩과 마케팅은 목적도, 실행방법도, 결과의 측정방법도 다르지만 실무에서는 이 둘을 혼돈하는 경우가 많다.

브랜드의 개념을 도시에 대입해보면 어떨까? 저가항공의 춘추전국시대라 할 만큼 항공여행이 대중화되면서 여행경비가 줄어들고 물리적 거리는 별 의미가 없을 정도로 쉽게 방문할 수 있는 도시들이 많아졌다. 2018년 이후 낯선 도시에서 한 달 살기 열풍이 불었듯이 이제 시간적, 금전적 여유가 허락된다면 여행을 가고 싶은 장소, 나아가 공부하고 싶고, 일하고 싶고, 살고 싶은 도시를 선택할 수 있는 시대이다. 이러한 이유 때문에 전 세계 도시들은 관광객뿐만 아니라 거주와 체류, 구매와 투자 등을 통해 자금이 순환되고 지역에 활력을 불어넣기 위해, 그리고 이에 앞선 사전 단계로 다른 도시들과의 차별화를 통해 자신들의 지역을 매력적으로 보이기 위해 브랜딩에 몰두하고 있다.

2018년 동계올림픽 개최지로 선정되기 전까지 평창은 두 번의 동계올림픽 유치전에 참여해 모두 고배를 마셨다. 그 이유는 여러 가지가 있겠지만 제품^{제안} ^{자체}으로는 앞서도 브랜드 인지도와 이미지는 경쟁 도시보다 낮았던 영향이 컸다. 청정 자연과 세계에서 가장 살기 좋은 도시라는 타이틀로 도시이미지를 홍보한 밴쿠버가 2010년 동계올림픽의 개최지가 되었고, 추운 나라라는 국가이미지를 활용한 소치가 2014년 동계올림픽의 개최지로 선정되었다. 쓰라린 패배를 교훈 삼아 2018년 유치전에서 평창은 평화 올림픽, 기술 올림픽, 전통적 동계올림픽 개최지가 아닌 아시아에서 열리는 3번째 동계올림픽 등의 이미지를 홍보했다. 평창올림픽 유치전을 통해 우리는 국제행사의 유치에 영향력을 주는 것이 시설이나 건축물과 같은 기능적인 하드웨어가 아니라 도시의 이미지, 브랜드와 같은 무형의 자산이 큰 영향을 준다는 사실을 깨달았다.

장기적인 안목이 롱런하는 도시브랜드를 만든다

브랜드 커뮤니케이션 전략을 수립할 때 마을, 도시와 같은 장소의 영역에서도 장기적인 안목이 고려되어야 하지만 유독 한국에서는 이 당연한 사실이 잘 통하지 않는다. 장기적 관점, 100년 대계 등의 말만 꺼내면 관공서에서는 어렵다는 비관적인 답변만 돌아온다. 선거를 치르고 지자체장이 바뀌면 브랜드 슬로건이 함께 바뀌는 일도 비일비재하다. 또한 1년 단위로 눈에 바로 보이는 성과 위주로 예산이 집행되다 보니 장기적인 관점에서의 브랜딩이 어려울 수밖에 없다. 당장 눈앞에 놓인 업무와 실적이 우선시되는 공무원 조직의 특성에 비춰 보면 현실과 동떨어진 이야기이다. 브랜드가 기능적인 특징을 넘어 정체성이 확립되기까지는 대중들과의 지속적인 커뮤니케이션이 필요하다. 해마다 출시되는 수많은 브랜드 중에서 우리가 기억하는 것이 몇 개나 있을까? 지속 가능한 브랜드를 만들기 하기 위한 많은 노력을 기울인다고 해도 사람들의 인식 속에 자리잡기란 쉬운 일이 아니다. 이러한 현실은 도시에서도 그대로 적용된다.

도시의 정체성을 반영한 브랜드가 정해지면 디자인 매뉴얼이 정립되고 브랜드 정체성을 나타내는 스토리와 커뮤니케이션 전략이 수립된다. 그리고 이러한 전략에 따라 다양한 매체를 통해 텍스트, 이미지, 영상 등 다양한 방식으로 커뮤니케이션 활동이 진행된다. 이처럼 도시에 브랜드 개발과 커뮤니케이션이 진행될 때에는 통합적이고 일관성 있는 가이드라인이 필요하다. 명확한 가이드라인이 없으면 장소성을 나타내는 캐릭터, BI, 서체 등이 제각각 따로 움직인다. 이렇게 만들어진 브랜드는 정체성이 무엇인지, 어떤 장소로 기억하게 할 것인지 정리되기 어렵다. BI를 살펴보자. 전국 243개 지자체 BI 중 사람들의 인식 속에 기억되는 것은 과연 몇 개나 될까? 몇몇 지자체를 제외하곤 촌스럽거나 특색 없는 BI가 많다. 해외에서 성공한 캐릭터와 도시브랜딩 트렌드에 맞춰 '이웃 도시가 하니 우리도 해야 한다'는 식의 슬로건과 캐릭터를 만들어 내고 똑같이 따라하기에 바빴던 것은 아닌지 한 번쯤 생각해 볼 문제다. 지자체 브랜드의 핵심 구성요소 BI와 상징물에 '혹독한 구조조정'이 필요한 이유다. 단순히 상표의 이름과 로고를 만든다고 해서 도시브랜드가 만들어지는 것이 아니다. 도시가 하나의 브랜드로 지속 가능하기 위해서는 무엇을 어떻게 다양한 부류의 시민들에게 전달되어야 하는지에 대한 연구와 공청회, 포럼 등 시민과 전문가 그룹에 의한 사전점검이 필요하다. 가고자 하는 목적지 없이 길을 나서면 방향을 읽고 헤매는 것과 다를 바 없다. 그리고 브랜드의 개발에 있어서는 100년을 내다보는 장기적인 안목이 필요하다. 왜냐하면 한 번 정해진 브랜드를 다시 개발하기 쉽지 않고 다시 개발한다고 해도 막대한 비용과 시간의 손실을 가져온다. 깊은 고민과 정교한 전략이 없는 마구잡이식 행정과 예산 편성은 무작정 길을 나서고 잘못 왔으니 되돌아가면 된다는 생각과 같다. 이 모든 것은 세금으로 진행되기 때문에 우리의 소중한 세금이 제대로 쓰일 수 있도록 하는 것은 행정가들의 가장 기본적인 임무이다.

세계의 수도라 불리는 뉴욕시가 지난 2006년 민간 관광마케팅 회사인 'NYC 앤드 컴퍼니'를 출범시켜 브랜딩을 하고, 다양한 프로모션 활동을 통해 6년 만에 50%의 관광객이 증가했다. 뉴욕시는 1977년 '아이러브뉴욕' 런칭 이후 현재까지 일관된 슬로건으로 도시브랜딩과 마케팅을 진행하고 있다.

　뉴욕주 상무부는 1977년부터 본격적인 관광캠페인을 시작했고 여기서 필요한 로고를 디자이너인 밀턴 글레이저에게 의뢰했다. 그 결과, '아이러브뉴욕(I♥NY)'의 로고와 캠페인이 만들어졌다. TV 광고와 브로드웨이 뮤지컬을 활용한 마케팅으로 시작해 이 캠페인인 현재까지도 이어지고 있다. 1981년에는 로널드 레이건 대통령이 아이러브뉴욕 스카프를 착용했고, 2011년 마이클 블룸버그 뉴욕시장은 우스꽝스러운 복장으로 아이러브뉴욕 캠페인 행사에 직접 나서기도 했다. 이 밖에도 블루타일을 모티브로 오랜 역사적 도시의 이미지를 BI에 담은 포르투갈의 포르투, 'I amsterdam'이라는 BI로 시민과 관광객들에게 사랑받는 포토스팟을 만든 네덜란드 암스테르담 등 많은 도시브랜딩 성공사례를 찾아볼 수 있다. 이처럼 성공적인 브랜딩을 통해 도시의 경쟁력을 끌어올리고 있는 글로벌 도시들의 공통점은 시민을 비롯한 도시의 고객들이 애착과 자부심을 충분히 느낄 수 있도록 도시 내부에서 정체성을 발견하고 개발했다는 점이다. 그리고 장기적 안목과 비전을 갖고 브랜드 활동에 접근하면서 차별화된 매력을 가진 도시로 부상했다. 이미 도래한 4차 산업혁명 시대, 우리는 우리가 살고, 일하고, 즐기는 곳의 진정한 주인이기 위해 각자의 위치에서 어떤 노력이 필요한지 생각해 보아야 한다. 10년이 지난 어느 날에는 죽기 전에 반드시 가야 할 도시로 한국의 도시들이 선정될 수 있을 만큼 브랜딩 되고, 마케팅되어야 한다. 그래야 한국의 도시들도 꼭 방문하고 싶은 장소로 전라남도 반월도와 박지도, 경상남도 욕지도를 찾아가는 외국인 관광객들을 어렵지 않게 만날 수 있을 것이다.

장소브랜딩을 위한 홍보의 기본계획과 실행 가이드

홍보는 그 목적과 대상에 따라 적재적소에 실행될 때 원하는 효과를 얻을 수 있다. 홍보의 대상은 행사, 공공영역, 브랜드 등 광범위하지만 일반적으로 통용되는 홍보의 계획과 실행 가이드는 아래와 같다.

1) 홍보 기본계획 수립
: 환경분석에서 홍보 프로그램까지 일목요연하게

홍보의 기본계획은 홍보 주제별로 정책 상황에 대한 진단과 환경에 대한 분석을 기초로 수립된다. 이때 필요한 것이 5W1H의 원칙이다. '왜 Why, 무엇을 What, 언제 When, 어디서 Where, 어떻게 How, 누구에게 Who'의 요소가 기준이 되어야 한다.

Why	왜	홍보 목적	홍보의 궁극적인 목적과 목표, 기대효과를 정확히 인식하는 것이 과업의 첫 번째 단계다. 홍보 목적을 간과하면 목적지를 잃고 표류하는 배와 같이 방향성을 잃게 된다.
What	무엇을	홍보 주제	단발성 홍보주제를 모아 종합홍보로 추진하는 경우에는 홍보의 주제가 불분명해지기 쉽다. 홍보의 주제를 명확하게 규정하는 것이 필요하다.
When	언제	홍보 시점	장기간 이뤄지는 종합홍보는 각각의 홍보 활동들이 시의 적절하게 이루어져야 한다. 언론홍보와 광고 프로모션 등 각 영역들이 서로 유기적으로 움직이지 않는다면 종합홍보의 효과는 반감된다.
Where	어디서	홍보 채널	홍보 주제에 걸맞는 홍보채널은 효과를 극대화시킨다. 바이오 잡페어를 홍보의 주제로 삼았다면 청년층 중심의 온라인과 모바일로, 바이오 산업에 대한 미래가치는 일간지와 경제지 등의 홍보 채널이 효과를 높일 수 있다.

How	어떻게	홍보 방법	홍보 방법상 새롭고 신선한 아이디어는 홍보의 가장 핵심이다. 그러나 항상 새로운 것만이 능사는 아니다. 기존에 진행된 유사사례를 적용하는 것도 좋은 홍보방법이 될 수 있다.
Who	누구에게	홍보 대상	홍보 대상은 연령별, 성별, 학력 및 경제수준별, 지역별 뿐만 아니라 생애주기, 문화권 등으로 다양하게 분류될 수 있다. 단순하게 연령별, 성별로만 나누는 것이 아니라 홍보 주제를 가장 적극적으로 수용할 수 있는 홍보 대상층을 찾아내야 한다.

2) 홍보 실행 가이드 : 홍보 채널과 방법, 선택과 집중이 필요

홍보 방법은 다음의 4가지로 분류할 수 있다. 다양한 방법이 있지만 좁은 의미로는 일반적으로 언론홍보와 온라인 홍보부터 설득을 위한 커뮤니케이션의 의미를 확대할 때는 광고, 그리고 다양한 이벤트와 협력·홍보를 포함하는 프로모션으로 나눌 수 있다.

홍보 방법	홍보 매체	홍보 아이템 예시
언론 홍보 (Publicity)	온라인	온라인 뉴스, 포털사이트 칼럼, 브랜드 뉴스룸
	오프라인	신문·잡지 기사, TV·라디오 뉴스, PPL
온라인 홍보 (Online PR)	SNS	바이럴 영상, 카드뉴스, 인포그래픽, 웹툰
	웹사이트	E-Book, 웹진, 커뮤니티 바이럴
광고 (Advertising)	온라인	포털사이트 배너·키워드 광고, SNS 광고
	오프라인	신문·잡지 지면 광고, TV 스팟광고, 라디오 광고, 옥외 광고
프로모션 (Promotion)	온라인	포털사이트, SNS 연계 이벤트
	오프라인	미디어 연계 이벤트, 게릴라 이벤트

앞과 같이 홍보의 방법과 매체, 그리고 홍보 아이템별로 나누어 본다면 홍보의 종류는 크게 8가지로 생각할 수 있다. 그러나 모든 홍보 과업마다 이러한 방법을 전부 추진할 필요는 없다. 각 과업별 특성과 대상을 고려해 채널과 방법을 취사선택하는 것이 효율적일 뿐만 아니라 좋은 결과로 이어지기 때문이다. 또한 시류에 따라 채널별로 선호되는 홍보방법이 바뀌기 때문에 홍보 실행단계에서 현재 주목받는 채널과 방법을 찾아 선택하는 것이 핵심성과지표KPI를 높이는 데 도움이 된다. 현재 잘 이용하지 않는 채널과 방법이라도 홍보 주제와 대상, 홍보 콘셉트와 활용전략에 따라 얼마든지 좋은 결과를 가져올 수 있기 때문에 계획 단계에서 전체적인 실행영역을 고려해 홍보전략을 설계하는 것이 좋다. 디지털 가속화에 따라 모든 홍보 매체와 아이템에는 온라인상에서의 노출과 확산을 충분히 고려해야 한다.

장소브랜딩의 키워드

1) 도시재생

일반적으로 도시재생은 도시의 쇠락한 지역에 새로운 콘텐츠로 생기를 불어넣어 다시 자생력을 갖추고 활력이 넘치는 지역으로 만드는 것을 뜻한다. 낙후지역을 개선하기 위해 건축물을 전면 철거하고 재개발하던 방식으로 거주 환경은 좋아졌다. 하지만 정작 그 지역에 정착해 살아가던 원주민들은 하늘 높은 줄 모르고 치솟는 임대료와 부담금 때문에 하나둘씩 지역을 떠났고 이로 인해 그동안 유지되었던 지역

공동체가 해체되면서 결국 지역에 거주하던 사람들의 삶의 질을 하락시켰다. 이때 등장한 것이 바로 현재의 도시재생 개념이다. 도시재생은 유럽과 북미에서 쇠락한 공업지역을 중심으로 1970년대에 시작되었다. 국내에서는 2000년대 노무현 정부 시절 당시 이명박 서울시장이 추진한 청계천 복원사업과 함께 도시재생사업이 사회적 이슈로 부각되며 뉴타운 사업이 백지화된 지역을 중심으로 2010년대에 들어서면서 각 지자체에서 본격적으로 도입해 추진되었다. 2017년 들어선 문재인 정부에서도 '도시재생 뉴딜사업'이 주거복지, 부동산, 일자리 분야가 얽힌 국정과제로 추진되고 있다. 전국적으로 낙후된 지역 500여 곳에 5년간 총 50조 원이 투입되는데 사업 모델은 규모에 따라 우리동네살리기, 주거정비지원형, 일반근린형, 중심시가지형, 경제기반형 등 5가지로 나뉜다.

· 성수동

서울의 대표적 공업지역이었지만 도시구조 변화와 산업구조의 변화로 인해 낙후되었다. 이후 성수동 수제화거리를 중심으로 도시재생사업이 결정되었고 기존 공장을 리모델링한 이색 카페들이 입점하면서 점차 트렌디한 사람들이 즐겨찾는 동네로 인식이 바뀌고 있다. 성수동이 지금처럼 주목받는 동네가 되기까지 도시재생사업의 성공을 위해 지역의 주부 12명으로 구성된 마을공동체 '성수지앵 협동조합'도 큰 역할을 했다. 마을의 부흥을 위해 도시재생 전문가와 행정기관 사이에서 함께 고민하고 의견을 제안하는가 하면 특화상품을 개발해 도시재생에 필요한 수익도 창출했다. 이를 통해 낡음과 멋스러움, 과거와 현재, 미래가 공존하며 성수동에 어울리는 독특한 문화코드를 만들어내고 있다.

・창신동·숭인동

1980년대만 하더라도 인근 동대문시장에 의류를 공급하는 '봉제산업의 메카'로 이름을 날렸지만 봉제산업 자체가 사양화되면서 지역도같이 쇠퇴했다. 이후 낙후된 채 방치된 이곳을 재개발하기 위해 2007년 대규모 뉴타운 사업이 추진되었지만 서울시의 뉴타운 출구 전략과 지구 전체에 대한 직권해제로 무산되었다. 이후 2014년 도시재생 선도지역으로 선정되면서 탈바꿈하고 있다. 일제강점기의 흔적인 채석장 절개지 상부에 문을 연 채석장 전망대에서는 서울의 스카이라인을 한눈에 볼 수 있고 봉제산업의 역사가 담긴 이음피움 봉제역사관, 옛 한옥건물을 매입해 문을 연 백남준 기념관은 마을의 명소가 되었다. 골목길에는 CCTV와 비상벨이 설치되고 태양광 조명이 생기면서 주거 환경도 대폭 개선되었다.

・세운상가

당대 최고의 건축가로 불리던 김수근의 설계안을 바탕으로 1968년 완공된 세운상가는 1990년대 이후 상권이 용산전자상가 등으로 이전되면서 슬럼화되었다. 이에 전면 철거 후 비즈니스 중심의 재개발 계획이 진행되고 있었다. 그러나 세운상가 앞이 세계문화유산인 종묘가 위치하고 있어 문화재청의 경관심의에서 여러 차례 재고되었고, 2008년 이후 부동산 경기침체가 맞물려 한동안 방치되었다. 이후 박원순 시장 체제에서 전면철거 후 재개발 계획에서 점진적인 도시재생으로 방향이 전환되었다. 세운상가 앞은 현재 세운광장이 조성되어 있고, 2022년까지 세운-청계-대림-공중보행로-인현상가-진양상가로 연결되는 보행데크를 완성해 종묘부터 남산 하단까지 연결되는 도심보행축을 완성할 계획이다.

2) 마이스 산업

마이스 산업은 Meeting(기업회의), Incentive travel(포상관광), Convention(국제회의), Exhibition(전시회) 또는 Events(이벤트)의 약자다. 연관 산업이 다양하고 경제적 파급효과가 커 '굴뚝 없는 황금 산업', '황금알을 낳는 거위'로 불린다. 지역경제 활성화, 연계 관광 붐 조성, 도시이미지 상승 등 고부가가치가 창출되는 효과가 있으며 전 세계적으로 마이스 산업을 육성하는 추세다.

• 스마트 마이스

AI, 사물인터넷IoT, 빅데이터 등 스마트한 기술이 어느새 우리의 일상 깊숙하게 들어와 생활을 더욱 풍요롭게 하고 있다. 마이스 산업도 예외는 아니다. IT 기술을 통해 사전등록을 받고, 전시장이나 회의장 출입 명찰에 찍힌 바코드를 통해 명함을 대신하고, 프로그램북이나 브로슈어 대신 행사전용 앱이나 URL만 모바일에 입력하면 관련 정보를 시공간에 제한없이 확인할 수 있다. 이동 동선에 따라 비콘 기술을 통해 이벤트 진행도 가능하다. 이제 각종 홍보물을 한아름 안고 행사장을 빠져나가는 광경은 아날로그의 유산이 될 날이 머지 않았다. 《에이트》의 저자 이지성 작가의 말에 따르면 미래 사회는 인공지능에게 지시를 내리는 계급과 인공지능의 지시를 받는 계급으로 나뉜다. 인류가 단 한 번도 경험하지 못한 시대가 오고있는 것이다. 인공지능이 인간을 넘어서는 시대에 인공지능에게 대체되지 않는 행사를 만들기 위해 지금 우리에게 필요한 것이 무엇인지 한 번쯤 생각해 볼 일이다.

· 풀 팩터(Pull Factor)

　마이스 산업에서 핵심은 기획이다. 그리고 이 기획에는 행사장에 가야 하는 방문의 있유가 있어야 한다. 즉, 끌어당기는 요인^{Pull Factor}이 필요한데 지역에서 개최되는 행사를 수용할 수 있는 자원과 인프라(컨벤션뷰로, PCO/PEO, 홍보회사, 행사공간의 창출을 위한 디자인회사, 여행사, 호텔, 레스토랑, 문화관광상품, 지역의 랜드마크, 공연과 축제 등)가 함께 연결되어야 행사와 지역에 대한 매력도를 높일 수 있다. 이처럼 성공하는 행사를 위해서는 다른 지역 및 유관 행사과 차별화된 콘텐츠 구축, 다양한 고객들과의 긴밀한 네트워크와 협력체계 등 인프라 구축이 필수적이다.

· 도시마케팅

　스위스의 다보스는 인구가 1만 명 남짓 되는 소도시다. 이 작은 도시가 매년 1월이면 전 세계의 주목을 받는다. 세계 각국 정상과 내로라하는 경제계 인사들이 이곳에 모이기 때문이다. 다보스포럼으로 불리는 세계경제포럼으로 회의기간 동안 500억 원 이상의 지역 경제효과를 얻는다고 한다. 2018년 6월, 북미정상회담이 열린 싱가포르의 경우 162억 원에 달하는 행사비용을 부담했지만, 전 세계의 이목이 집중되며 한꺼번에 몰려든 취재진과 관광객으로 도시마케팅과 경제적 효과 측면에서는 훨씬 더 이익을 남겼다. 마이스 산업이 도시와 국가를 먹여 살리는 것이다. 이와 같이 마이스 산업은 도시마케팅에 큰 영향을 미치며 경제적 파급효과 또한 상당하다. 마이스 도시로서의 포지셔닝을 위해서는 각 지역이 중점으로 추진하고 있는 산업의 특성을 살린 마이스 개최지로서 홍보가 필요한데 이를 위해 중앙·지방정부, 기업, 학계가 함께 협력할 수 있는 네트워크가 구축되어야 한다.

3) 스마트시티

4차 산업혁명 시대의 도시 모델로 불리는 스마트시티Smart City는 정보통신기술을 언제 어디서나 자유롭게 사용할 수 있는 미래형 도시를 뜻한다. 교통, 환경, 주거시설 등 일상생활에서 나타나는 문제를 모니터링하고 관리하기 위해 처리하거나 분석되는 데이터가 포함된다. 스마트시티의 개념은 단순히 스마트와 시티라는 개념의 결합을 뛰어넘는다. 도시의 운영과 서비스의 효율성을 최적화하고 시민들과의 연결을 위해 네트워크에 연결된 다양한 물리적 장치를 통합해 도시를 스마트하게 만드는 것이라고 할 수 있다. 스마트시티는 폭넓은 기술들이 구현되면서 시민들이 쾌적하고 편리한 삶을 누릴 수 있도록 보장해 주기 때문에 우리 생활 전반에서 삶의 질 향상과 도시 운영방식의 혁신을 가져온다. 이를 통해 비로소 우리가 그토록 원하는 바, 도시경쟁력을 확보할 수 있다. 다가오는 미래에 더 나은 삶과 도시경쟁력 확보를 위해 시민참여와 정책적 지원이 지속적으로 필요하다.

· 영국 런던

영국은 2013년 정부 주도의 '미래도시 프로젝트Future of Cities'를 시작으로 스마트시티 도입을 적극적인 추진해왔다. 2013년 런던시는 스마트시티 전담조직인 스마트런던위원회Smart London Board를 설립하고 스마트 런던 계획을 발표했다. 이어 2016년에는 사디크 칸 런던시장이 디지털 수용도를 높인 스마트시티 전략인 스마트 런던 2.0을 제시했다. 2017년 부임한 신임 최고디지털책임자CDO 테오 블랙웰을 주축으로 실무를 총괄하고, 런던기술혁신사무소LOTI가 기술과 R&D 분야를 담당해 사업을 추진하는 계획이다. 2018년 출간된 '스마트시티 계획 보고서 Smarter London Together'는 본격적인 스마트시티 추진을 위한 스마트 런던 계획을 소개하고 있는데 이 보고서에서 언급한 스마트 런던의 다섯 가지 미션은 이용자 중심 디자인, 데이터 공유, 도로망 중심의 기반시설 확충, 디지털 기술 혁신과 리더십, 협력 등이다.

・ 네덜란드 암스테르담

암스테르담의 가로등은 시의회 협의회가 보행자가 직접 조명의 밝기를 조절할 수 있도록 교체되었다. 2009년에 시작된 암스테르담 스마트시티 이니셔티브에는 이 가로등과 같이 지역 주민과 정부, 기업이 공동 개발한 170개 이상의 프로젝트가 포함되어 있다. 그리고 각 프로젝트는 무선으로 연결된 플랫폼에서 실행되어 도시의 실시간 정보가 공유되고 의사결정 능력을 높이고 있다. 교통량 감소, 에너지 절약, 공공 안전을 목적으로 프로젝트를 진행하며 시민들이 직접 참여하는 '암스테르담 스마트시티 챌린지'도 매년 운영한다. 이를 통해 지역에 적합한 모델을 만들기 위한 제안을 적극적으로 수용하고 있다. 스마트시티 이니셔티브에는 시민이 개발한 스마트시티 어플리케이션도 있는데 '모비파크'라는 어플리케이션은 주차공간을 보유한 사람과 필요로 하는 사람을 매칭시켜 준다. 이밖에도 가정에서 에너지 소비를 줄이면 인센티브를 제공하는 스마트 에너지 미터기 공급, 실시간으로 교통량을 모니터링 할 수 있는 스마트 교통량 관리 등이 있다.

· 스페인 바르셀로나

바르셀로나 시정부는 2013년 초부터 노후화된 구시가지 본Born 지구를 재개발하면서 시내 곳곳에 사물인터넷IoT 기술을 기반으로 한 스마트시티 솔루션을 시범적으로 적용했다. 이렇게 시작한 것이 지금은 도시 구석구석으로 퍼져 도시 전역이 스마트 환경으로 변화하고 있다. 특히 센서가 차량이나 사람들의 움직임을 감지하는 스마트 LED 조명을 설치하면서 에너지 소모를 줄이고 무선 인터넷의 공유기 역할을 하는 동시에 소음과 대기 환경 상태를 분석해 혼잡도를 파악할 수 있었다. 아울러 바르셀로나는 원격 관개제어시스템을 활용해 공공장소의 분수를 제어하고 도심의 빌딩에 대한 에너지 이용 상황을 모니터링 하고 있다. 또 주차공간에 대한 정보를 감지하는 센서를 설치한 스마트 주차시스템을 도입하기도 했다.

· 중국 항저우

세계 최대 인터넷 회사인 알리바바의 본사가 있는 항저우는 중국 스마트시티의 원조다. 항저우를 비롯한 중국의 도시들은 사물인터넷IoT과 블록체인 기술로 종이가 필요 없는 페이퍼리스 사회를 구현하고 있다. 항저우에서는 알리바바에서 만든 전자화폐인 알리페이로 대부분의 택시와 편의점에서 모바일 결제가 가능하고 공적 업무, 차량 렌탈, 의료서비스 등 60여 종의 서비스를 이용할 수 있다. 항저우 중국 최고의 스마트시티로 손꼽히는 이유는 알리바바가 개발한 시티브레인City Brain이라고 불리는 인공지능의 역할이 컸다. 항저우는 도시의 빅데이터를 도시 운영 전반으로 활용하는 시티브레인을 각종 도시문제 해결에 적용시켰다. 2019년 말에는 사건·사고 대응, 공공 안전, 교통시스템 최적화 등 기존의 기능과 함께 의료와 치안 서비스로 서비스를 확대한 시티브레인 2.0을 계획을 발표하며 진화를 거듭하고 있다.

4) 포스트 코로나

장소브랜드 전문 포털사이트인 TPBO의 플로리안 캐퍼 편집장은 2020 인천세계도시브랜드포럼에서 도시의 위기관리 능력, 지역민과의 소통, 지속가능성이 포스트 코로나 시대에 도시브랜드의 핵심이라고 말했다. 관광 측면에서는 지나치게 밀집된 랜드마크보다 상대적으로 덜 붐비며 안전한 소도시를 찾는 이들이 늘어난다. 관광객 유치와 같은 도시의 외부요소보다 도시 내부에 거주하는 주민들 사이에서의 상호작용이 중요하고, 그 사이에서 발생하는 경험이 코로나 시대 이후의 도시를 만들어가는데 핵심요소로 작용한다. 장기적이고 강력한 도시브랜드를 구축하기 위해서는 명성과 위기관리에 더 힘을 키워야 하는 것이다. 도시브랜딩의 방향을 쉽게 예측하기 어렵지만 전문가들은 당분간 마케팅이나 캠페인보다는 지속적인 관계 구축과 관리에 더 초점이 맞춰질 것으로 보고 있다. 지역의 지속가능성을 보장하면서 거주자 중심의 살고 싶은 도시 만들기에 집중하는 것이 더 중요해질 것이다.

끌리는 장소의 유형

장소브랜드는 어떤 장소가 고객에게 확실히 각인되거나 그 가치가 높아지면서 형성된 브랜드라고 할 수 있다. 장소에 브랜드의 개념이 도입되면 사람들은 해당 장소에 매력을 느끼고 호감을 갖게 되어 재방문을 유도하게 된다. 이를 위한 활동이 바로 장소브랜딩이다. 장소브랜딩은 장소의 잠재가치를 발굴하고 새로운 가치를 창출하도록 돕는다. 그렇다면 장소브랜딩이 추구하는 가치가 무엇인지, 사람들이 원하는 장소는 무엇인지 끌리는 장소의 유형을 박상훈 스톤브랜드커뮤니케이션 대표, 장동련 홍익대 교수의 저서 《장소의 재탄생》에서 발췌하여 살고 싶은 곳(거주지), 쇼핑 가고 싶은 곳(구매지), 여행 가고 싶은 곳(관광지), 사업하고 싶은 곳(사업운영지) 등 4가지로 나누어 소개한다.

1) 살고 싶은 그곳, 거주지

몇 년 전 모 국회의원이 한 케이블 방송에 출연해 "서울 사람들이 양천구 목동 같은 데서 잘 살다가 이혼 한 번 하거나 하면 부천 정도로

가고, 부천에 갔다가 살기 어려워지면 인천 중구나 남구 이런 쪽으로 간다"고 말해 큰 사회적 파장을 일으킨 적이 있었다. 지역 비하 발언으로 논란이 된 이 사건은 사는 곳이 얼마나 중요한지, 지역의 이미지가 얼마나 중요한지 단적으로 보여준다. '어디에서 살 것인가'의 문제는 기본적으로 먹고사는 생존의 문제이지만 21세기를 살아가는 우리들에게 거주지는 단순히 먹고 자는 곳 이상의 의미가 있다.

우리가 살고있는 집과 지역이 그곳에 거주하는 사람의 경제력, 학력, 생활수준, 라이프스타일, 삶의 철학까지도 보여주는 시대에 살고 있다. 사람들은 살 만한 곳, 살고 싶은 곳이 많으면 도시와 국가를 막론하고 삶의 질적 수준이 높다고 평가한다. 부동산 정책이 정부의 정책 평가에 큰 영향을 주고 부동산 열기는 식을 줄 모른다.

··· 서울 강남의 아파트단지 전경

거주지는 오늘날 장소브랜딩의 핵심 쟁점이 되었다. 우리는 살고 싶은 곳을 생각할 때 일반적으로 다양한 요소를 기준점에 둔다. 자금 상황과 함께 쾌적한 자연, 편리한 교통, 학군, 투자 가치 등 여러 가지 요소들이 복합적으로 영향을 미친다. 세계 각국의 도시들도 더 나은 환경을 제공하고 살고 싶은 거주지를 만들기 위해 다양한 노력을 기울이고 있다. 품격 있는 거주 환경이 조성되면 도시의 경쟁력은 물론이고 국가 경쟁력에도 영향을 미친다. 따라서 거주지에 대한 장소브랜딩은 거주자와 해당 도시, 나아가 국가까지 고려한 넓고 장기적인 안목으로 실행되어야 한다.

'한남동 더힐에 살아요'

이 한마디의 말로 우리는 여러 가지 사실을 유추할 수 있다. '압구정 현대'로 상징되는 강남 부자들의 거주지는 최신식 시설, 우수한 학군, 잘 정비된 도로, 한강변을 끼고 조성된 좋은 주변 경관 때문에 1970년대 강남 개발 이래 압구정동에는 계속해서 부유층들이 유입되었다. 도곡동 타워팰리스가 생긴 이후 '서울 최고 부자 동네'는 자연스럽게 압구정 현대에서 도곡동 타워팰리스가 되었고, 삼성동 아이파크에 이어 현재 최고가를 경신하는 아파트는 옛 단국대학교 부지에 건설된 '한남동 더힐'이 차지하며 강북 집값 상승을 주도하고 있다. 이렇게 거주지에 따라 신분 계층이 구분되고 생활 수준이 평가된다. 사람이 인격을 가진 것처럼 장소도 연상 이미지를 가진 채 발전한다. 한국 사회에서는 거주지를 중요한 자산 가치로 생각하기 때문에 거주하는 곳에 따라 재산의 수준을 가늠하게 되고 거주지 자체가 부의 판단 기준이 되기도 한다. 이러한 부의 이미지는 지역의 발전에 크게 영향을 미치고 있다. 거주지는 그 집, 그 지역에서 살고 있는 사람의 경제력과 학력, 라이프스타일, 삶의 철학까지도 나타내기 때문에 사람들에게 '살기 좋은 곳'으로 인식되도록 하는 장기적 안목의 브랜드 커뮤니케이션이 필요하다. 이에 앞서 경쟁력을 갖춘 거주지가 되기 위한 과정이 필요하며, 그 요건에는 쾌적한 자연, 편리한 교통, 학군, 투자 가치 등이 있다. 거주지의 이미지는 자생적으로 만들어지기도 하지만 의도적으로 형성되기도 한다. 장소브랜딩은 긍정적인 거주지 이미지 형성을 위해 반드시 필요하며, 장기적인 안목으로 긍정적인 거주지 이미지를 만들기 위해 노력해야 한다. 좋은 이미지는 사람들을 해당 지역으로 불러 모으고 다양한 가치를 만들어 내는 파급력을 갖고 있기 때문이다. 거주지별 특성을 고려한 브랜드 전략 개발과 관리가 지속적으로 이루어질 때 거주지의 경쟁력이 높아진다.

2) 사고 싶은 그곳, 구매지

역사적으로 보면 인간은 사고파는 행위가 이루어지는 곳을 중심으로 도시를 형성하고 발전해왔다. 서울의 경우 국내 최초의 상설시장인 광장시장이 사대문 안에 위치해 있었고, 남대문시장, 동대문시장 역시 인접해 있으면서 상권이 발달했다. 오늘날 구매지는 거주지와 마찬가지로 나의 소비 취향, 사회적 지위 등을 확실하게 보여준다. 무엇을 사느냐의 문제도 중요하지만 어디서 사느냐의 문제도 중요하게 여겨지게 되었다. 사람들은 이제 단순히 상품을 구매하는 차원을 넘어 구매지에서 할 수 있는 경험, 구매지의 분위기와 이미지 등 장소 그 자체를 소비한다. 특히 구매지가 오프라인에서 온라인으로 이동하는 추세에 따라 구매지는 단순한 판매의 기능을 넘어 트렌드를 주도하고 브랜드의 감성적 가치를 전달하는 장으로서 역할을 하고 있다.

최근에는 몰링Malling족이라는 신조어가 탄생할 정도로 원스톱 쇼핑을 즐기는 사람들이 예전보다 더 많아졌다. 스타필드, 프리미엄 아울렛, 이케아 등 살거리, 볼거리, 먹거리, 즐길거리를 한 번에 해결할 수 있는 복합쇼핑몰이 늘어난 영향이 크다. 몰링족은 쇼핑몰에서 물건을 구매하는 것에만 관심을 두는 게 아니라 쇼핑을 문화활동과 결합한 일종의 놀이로 간주한다. 사람들이 구매를 결정할 때 중요하게 생각하는 요소는 무엇일까? 구매지의 이미지, 경쟁력 있는 가격, 최고의 편의시설, 독특한 경험 등 여러 가지 요소가 있을 수 있다. 중요한 것은 과거의 소비자들에 비해 현대의 소비자들은 욕구가 구체적이고 다양해졌다는 점이다. 이제 기업들은 자사의 상품을 판매하는 공간을 사람들을 유혹하는 매혹적인 공간, 체험과 감동이 있는 공간으로 만들기 위해 노력하고 있다. 구매지라는 장소를 쇼핑 공간을 넘어 일상의 에너지를 채우며 감성을 자극하는 정신적 가치 창출의 공간으로 접근하고 있다. 사람들이 모이는 구매지가 되려면 고객만족에 더 집중해야 한다. 경쟁이 숙명인 시장경제 환경에서 고객과의 쌍방향 소통과 지속적인 관리는 점점 더 중요해지고 있다. 고객이 원하는 가치를 구현한 장소, 그래서 고객들의 구매의사 결정에 중요한 영향력을 미치고 고객들을 유혹하는 장소. 바로 우리가 창조해야 할 구매지의 모습이다.

··· 스타필드 코엑스몰에 위치한 별마당도서관

경험을 소비하는 사람들

최근 몇 년간 부동산 시장에서 회자된 '스세권'이라는 신조어가 점차 뿌리를 내리고 있다. 전철역과 가까운 '역세권'에서 파생한 합성어로 '스타벅스 세권'을 뜻하는 이 말은 거주지에서 스타벅스가 도보로 이용할 수 있는 위치에 있다는 의미다. 이처럼 스세권에 대한 선호도가 높아지는 것은 단순히 입지뿐만이 아니라 라이프스타일을 중시하는 수요층과도 밀접한 관련이 있다. 주요 수요층인 2040세대는 집에서 가까운 곳에서 가볍게 식사를 하거나 커피 한 잔을 즐기고 용무를 볼 수 있는 공간을 선호한다. 공간을 돈을 주고 사는 것에 대해 별로 거부감이 없다. 과거의 대청마루와 현대의 거실 역할을 스타벅스와 같은 카페가 대신하는 형국이다. 특히 결혼하지 않는 비혼족, 아이를 낳지 않는 딩크족이 증가하는 것도 다양한 세권 형성에 영향을 주고 있다. 그래서 스타벅스와 같은 점포가 위치한 곳들은 대부분 상권의 중심지이거나 접근성이 좋은 곳이다. 무엇보다 트렌디한 글로벌 프랜차이즈는 상권의 다양한 수요층을 끌어모으는 앵커스토어로서의 역할을 하기 때문에 중요한 의미를 갖고 있다. 스타벅스와 같은 프랜차이즈가 건물에 입점하면 이와 유사한 음식점, 카페, 편의시설 등이 줄이어 들어서게 되면서 새로운 상권을 형성한다. 특히 주상복합건물에서 이러한 움직임이 뚜렷이 나타나고 있는데 특히 편리함을 추구하는 젊은층의 구매 성향에 맞는 쇼핑 환경이기 때문에 원스톱 쇼핑을 선호하는 사람들을 중심으로 수요가 이어질 것으로 예상된다.

구매지에서 나타난 또 하나의 변화는 장소의 경계를 허무는 '스마트 쇼핑'이다. 4차 산업혁명의 물결 속에서 AI와 사물인터넷IoT 기술이 쇼핑의 장소로 바꾸고 있다. 스마트 기술을 PC와 모바일에서 오감으로 체험할 수 있게 되면서 AR증강현실 기술을 활용해 상품을 직접 눈으로 보는 것과 근접하게 미리 확인할 수 있음은 물론 나에게 꼭 맞는 상품을 패키지 형태로 시연해 볼 수 있는 서비스도 구현되었다. 이를 통해 마치 게임을 하듯 옷을 코디하고, 가구를 배치하며 큐레이션 할 수도 있다. 백화점에서는 AI를 통해 고객의 특징을 파악하고 고객과 대화를 나누며 데이터를 확보하고 분석한다. 이를 통해 고객맞춤형 서비스 제공이 가능해지고 향후 마케팅에 활용할 기반을 마련할 수 있다. 이미 롯데백화점은 2018년 세계 최초로 AI 쇼핑가이드 '로사'를 선보였고, 사람처럼 스스로 생각하고 학습하며 고객을 응대하는 딥러닝 기술을 활용한 마케팅은 유통업계 전반으로 확산되고 있다.

앞으로 오프라인의 구매지는 더욱더 브랜드의 경험과 감성을 위한 곳으로 변화할 가능성이 크다. 대도시 주요 상권에 단기간 공간을 대여해 상품과 서비스를 체험할 수 있게 하고, 최신 기술을 활용해 기업의 긍정적 측면을 최대한 많이 보여주려는 것도 결국 경쟁이 치열한 시대에 기업들이 살아남기 위한 마케팅 전략이다. 사람들은 같은 물건도 여러 선택지를 놓고 고민한다. 그리고 여기에서 선택을 받기까지는 장소의 이미지, 가격, 편의시설, 서비스, 특별한 경험 등 다양한 요소가 고려된다. 따라서 선택받는 구매지가 되려면 사람들을 끌어당기는 매력적인 공간, 체험과 감동을 느낄 수 있는 공간이 되어야 한다. 이러한 장소의 개념은 정보통신기술의 발달로 구매지 안에서 물리적 공간을 넘어 온라인과 가상세계로 확장되고 있다. 구매 전 제품 체험은 오프라인으로 하더라도 구매는 가격 비교 후 온라인으로 하는 스마트 컨슈머의 등장 이래 1인 가구 증가, 모바일 쇼핑 확대 등으로 비대면 상품 판매의 시장점유율이 높아져 온라인 커뮤니케이션 역시 중요성이 커지고 있다. 따라서 온라인 오프라인 할 것 없이 고객이 구매를 위한 행동을 직접적으로 하게 되는 구매지는 마치 쇼케이스와 같이 브랜드의 경험과 감성을 총체적으로 보여주는 장소로서 기능해야 한다. 이를 위해서는 고객의 취향, 행동패턴 등을 고려해 고객이 최대한 특별한 체험을 할 수 있도록, 그리고 그들에게 최적의 장소로 다가갈 수 있도록 변화해야 한다.

3) 가고 싶은 그곳, 관광지

사람들은 일상에서 벗어나 새로운 곳으로 떠나고 싶어하는 욕망을 갖고 있다. 여행을 통해 스스로를 재발견하고 재충전의 시간을 통해 일상의 에너지를 채운다. 소득 수준의 상승과 워라밸 문화의 정착에 따라 삶의 여유와 즐거움을 찾으려는 사람들이 늘어나면서 관광산업은 현대의 핵심 산업으로 부상했다. 관광은 전 세계 국내총생산GDP의 10%를 차지하는 거대 산업이자 굴뚝 없는 고부가가치 산업이다. 또한 소비와 생산이 동시에 이루어지는 특수한 장소이기 때문에 경제적 파급효과 또한 막대하다. SNS 이용이 일상화된 현재, 관광객의 여행지에 대한 평가는 잠재 관광객들의 관광지 선택에 큰 영향을 미치기 때문에 지자체까지 나서 매력적인 관광지로 만들기 위해 다양한 홍보 수단을 동원하고 있다.

관광지에 대한 평판은 장소를 브랜드로 만들고, 브랜드가 된 관광지는 사람들을 불러 모으며 선순환 구조로 발전한다. 반대로 부정적인 가치 평가가 이루어졌을 때는 2019년 범죄인 인도법 반대 시위로 위기가 확산되었던 홍콩과 같이 도시 침체로 이어질 수도 있다.

동남아의 빈국 캄보디아는 앙코르와트가 먹여 살린다는 말이 있을 정도로 핵심 관광지 하나가 가진 영향력은 매우 크다. 작은 소도시의 명소 하나, 특색있는 거리나 축제가 지역민을 먹여 살리고 막대한 경제적 효과를 발휘하는 사례도 국내외 할 것 없이 비교적 쉽게 찾아볼 수 있다.

　그렇기 때문에 국가브랜드가치를 논할 때 관광과 관련된 항목들이 가장 먼저 고려되고 이미 유명한 관광지도, 유명해지려는 관광지도 모두 장소를 브랜드화시키는 작업에 박차를 가하고 있다. 사람들에게 사랑받는 유명한 관광지는 어떻게 해서 사랑받게 되었을까? 가치 있는 장소가 되기 위해서는 어떤 요건들을 갖추어야 할까? 관광산업과 관계된 많은 사람들은 끊임없이 이러한 질문의 해답을 얻기 위해 노력하고 있다. 여행은 이질적인 것들이 충돌하면서 만들어 내는 에너지를 즐길 수 있는 즐겁고 유쾌한 놀이터 같은 것이다. 장소가 즐겁고 유쾌한 놀이터가 되기 위해서는 여러 가지 요건들을 만족시켜야 하고 끊임없이 진화해야 한다. 경쟁력 있는 관광지가 되려면 과거로부터 전해 내려오는 해당 장소만의 문화유산이나 고유의 문화요소가 있어야 한다. 이러한 요소가 부족하다면 흥미로운 문화콘텐츠를 발굴하거나 정책적으로 창조할 수 있어야 한다. 절대 다른 곳은 흉내 낼 수 없는 천혜의 자연 환경이나 삶의 여유를 만끽할 수 있도록 만드는 휴양요소들도 있다면 금상첨화다. 최근에 진정한 쉼과 자연 친화, 치유에 방점을 둔 웰니스 관광이나 호텔에 머물며 편의시설을 즐기는 호캉스가 인기인 것도 틀에 박힌 단체여행, 명소만 찍고 오는 여행에 지친 사람들이 여행의 의미를 되새기며 찾은 요즘 여행의 트렌드와 무관하지 않다.

관광산업의 효자, 비즈니스 여행

글로벌 시대에는 출장의 목적지도 전 세계 어디든 될 수 있다. 비즈니스 여행을 고려하는 기업과 개인에게 최대한 긍정적인 이미지를 심어주는 것은 목적지가 되는 행사, 도시, 국가의 입장에서는 반드시 필요한 작업이다. 누구나 볼거리, 배울거리, 즐길거리가 더 많은 곳으로 출장을 가고 싶은 것은 당연한 일이다. 10여 년 전부터 비즈니스를 여행과 연계시키기 위한 국가와 도시의 움직임이 이어지고 있다. 컨벤션 도시, 마이스MICE 도시를 표방하며 전략적 육성 계획을 내놓는 도시들이 생겨났고 실효적 효과를 거둔 도시와 국가도 많아졌다. 국제회의를 지칭하는 컨벤션이라는 용어는 오늘날 전시회, 이벤트, 스포츠, 교역 등을 포함한 개념으로 의미가 확장되었다. 국제협회연합UIA의 발표에 의하면 2019년도 한 해 동안 한국에서는 1,113건의 국제회의가 개최되어 싱가포르에 이어 세계 2위를 기록했고, 도시를 기준으로도 서울이 609건으로 싱가포르에 이어 세계 2위를 차지했다.

마이스 산업이 행사가 열리는 장소와 도시에 미치는 홍보 효과와 경제적 효과가 크기 때문에 전 세계 도시들은 비즈니스 관광객을 유치에 뛰어들고 있다. 국제회의를 개최하게 되면 컨벤션이 열리는 지역을 전 세계에 알릴 수 있다. 컨벤션에 참석하는 사람들은 관련 분야의 전문가이면서 사회적 영향을 가진 업계, 학계 리더들이 많다. 따라서 이들에게 좋은 인상을 주게 되면 장소의 이미지에 직접적인 영향을 미칠 수 있다. 세미나, 컨퍼런스, 전시회, 포럼 등 행사를 유치하게 되면 호텔, 교통수단, 레스토랑, 쇼핑, 문화시설, 엔터테인먼트 등 볼거리와 즐길거리가 동반되기 때문에 관련 산업에 미치는 파급력이 상당하다. 이처럼 관광도시의 인프라를 갖춘 곳이 컨벤션 개최장소로서의 매력성을 갖게 되는데 주변에 유명 관광지가 있다면 비즈니스 관광객들이 함께 연계 관광을 할 수 있는 장점이 있다. 전통적 컨벤션 도시라 할 수 있는 라스베이거스를 비롯해 마카오, 홍콩, 싱가포르, 광저우, 선전, 상하이 등 아시아의 도시들이 새로운 컨벤션 도시로 도약하고 있다. 국내에서는 서울을 비롯해 2019년 11월, 한-아세안 정상회의를 비롯해 굵직한 국제회의를 개최해온 부산과 컨벤션센터를 보유한 제주, 고양 등이 손꼽힌다.

비즈니스를 위한 관광지는 일차적으로 비즈니스의 목적을 성공적으로 달성할 수 있는 곳이어야 한다. 그래서 소요시간이 짧고 비용면에서 부담이 적은 곳이 더 선호된다. 비즈니스가 1차적 목적이지만 각종 볼거리와 즐길거리가 없는 곳은 고려대상에서 밀려날 수밖에 없다. 비즈니스 관광객들을 이끌 수 있는 경쟁력 있는 장소가 되려면 정책과 환경이 뒷받침되어야 한다. 지역이 가진 랜드마크, 문화유산, 스토리, 자연, 지역 축제, 특산물(품), 캐릭터, 테마거리, 문화공간, 상업시설 등

과거와 현재의 모든 유무형 자원이 그 대상이다. 이 모든 것을 다 갖출 수 있으면 좋겠지만 전략적으로 어느 한 가지를 집중적으로 키우고 발전시켜도 된다.

4) 사업하고 싶은 그곳, 사업운영지

··· 뉴욕 맨하탄의 마천루

우리는 혁신기업의 메카라고 하면 흔히 실리콘밸리를 떠올린다. 그러나 실리콘밸리가 처음부터 이런 이미지를 갖고 있었던 것은 아니다. 실리콘밸리는 미국 샌프란시스코 남동부 지역의 계곡 지대를 이르는 지명으로 과수원이 많은 농업지역이었다. 1950년대부터 소프트웨어 산업의 기업체와 공장들이 이곳에 집중되면서 행정구역상 산타클라라 카운티에 속하는 이 지역이 실리콘밸리로 불리게 되었다. 스탠퍼드 대학을 중심으로 인재와 자금, 기술이 만날 수 있는 상호작용이 하나의 지역문화로 정착되면서 글로벌 혁신기업들을 탐방하고 분위기를 엿볼 수 있는 관광지로도 각광을 받고 있다. 뉴욕 역시 제2의 실리콘밸리로 변모하고 있다. 맨해튼의 첼시, 미드타운, 유니언스퀘어 일대를 실리콘밸리에 빗대 '실리콘앨리'라 부른다. 이미 비즈니스 인프라가 자리잡고 있고 인재 접근성이 뛰어난 이곳에 1990년대 IT 기업들이 자리잡으며 형성된 실리콘앨리는 현재 인근 퀸즈와 브루클린 지역까지 확장되었다. 세계에서 벤처 창업이 가장 활발한 국가로는 이스라엘이 손꼽힌다. 국가 차원에서 벤처 창업 지원 정책과 함께 국제 R&D 협력을 강화하면서 이스라엘의 국제법상 수도인 텔아비브는 전 세계 스타트업에게 창업도시로 각광받고 있다.

국내에서 기업하기 좋은 도시는 어디일까? 대한상공회의소가 전국 228개 지방자치단체와 지역기업 8,800여 개를 대상으로 규제 관련 행정만족도와 지자체 제도 환경을 조사한 '2019년 기업하기 좋은 도시'에서 성남시가 1위에 선정되었다. 판교테크노밸리에 IT, 게임, 드론 등 첨단산업 관련 기업이 밀집하고 분당 서울대병원과 헬스케어 혁신파크를 잇는 바이오헬스 벨트가 조성되도록 지자체가 주도적으로 투자유치에 나선 결과다. 규제개혁과 함께 기업 및 창업 활동을 활성화하기 위한 다양한 노력들이 수반되면서 이제 사람들은 성남을 4차산업의 도시로 인식하게 되었다. 전라북도 군산과 김제를 잇는 국책사업인 새만금 개발사업의 경우 외국투자기업과 첨단산업기업 등 국내외 기업을 대상으로 인센티브를 지원하고 새만금특별법에 따라 무규제 상태를 유지하고 있다. 이에 따라 다수의 외국기업을 유치하고 경제활성화를 위한 다양한 실험이 가능한 기회의 땅으로 변모하고 있다.

　새만금과 같은 사례는 다른 지역에서도 찾아볼 수 있다. 사업하기 좋은 곳으로 만들기 위해 각종 규제를 완화하고, 아주 저렴한 가격에 사업부지를 제공하기도 한다. 서울에서는 가산/구로 디지털단지가 국가산업단지로서 세제 혜택과 각종 인프라 지원을 통해 첨단산업의 중심지로 발돋움하고 있고, 지방의 국가산업단지 역시 각종 지원책을 통해 기업 유치에 사활을 걸고 있다. 또한 불필요한 투자절차를 간소화시켜 투자자에게 최대한 편의를 제공하는 정책을 마련하고, 각종 인프라를 구축하고 있다. 지역에 따라서는 운명이 투자 유치에 달려 있다고 생각하고 다양한 장단기 전략을 세우고 있다.

　실제로 지난 2016년, 필자가 홍보 컨설팅을 담당한 새만금개발청은 이듬해인 2017년, 사드THAAD 여파로 대중국 투자 유치 환경이 급격히 얼어붙어 사업이 위기에 직면했다. 투자 유치의 중요성을 절감한 시기였다. 이처럼 장소는 이제 물리적인 공간 개념을 뛰어넘어 경제적 이익이 만들어지는 거래의 대상이 되었다. 외부의 투자는 직접적인 방식으로 장소의 부를 창출하고 경쟁력을 높일 수 있기 때문에 사업운영지의 성공을 위한 바로미터라고 할 수 있다. 도시와 국가브랜딩에 있어 장소의 투자 매력도를 높이는 것은 핵심 목표 중 하나이다.

    기업들은 비즈니스를 위한 최적의 환경이 갖추어진 곳, 즉 기업하기 좋은 정책기반과 지리적 조건을 가지고 있는 곳, 자원과 인력, 기술력이 풍부한 곳을 찾아 전 세계의 장소를 대상으로 사업운영지를 찾고 있다. 일하기 좋은 환경을 갖추고 있는 도시나 국가는 자연스레 거주를 위한 장소로서도 경쟁력이 높아지기 때문에 거주지가 옮겨지고, 거주를 하면 각종 재화를 구매하고 소비하게 되어 경제가 활성화된다. 사업운영지가 활성화되면 자연스럽게 관광이나 이민도 증가하는 선순환 구조가 만들어진다. 이것이 투자 가치가 있는 곳, 사업하고 싶은 곳으로 만들어야 하는 이유이다. 경쟁력 있는 사업운영지가 만들어지면 도시와 국가브랜드의 자산 가치가 높아진다. 각 도시와 국가가 최고의 투자 환경을 조성하기 위해 규제를 낮추고, 세제 혜택과 함께 교육, 의료 서비스의 질은 높이는 이유다. 정책적 지원과 물류 인프라, 산업클러스터, 지리적 강점, 풍부한 인적·물적 자원, 기술력 등의 기반이 마련되어야 사업운영지로서의 경쟁력이 생긴다. 그 이후에는 사업운영지에 대한 특장점과 각종 혜택을 타깃에게 알려야 한다. 장소는 이미지의 영향을 받기 때문에 사업운영지 역시 사람들에게 호의적인 생각을 갖도록 하는 커뮤니케이션 활동이 효과적으로 이루어져야 해당 장소가 인식되고자 하는 이미지를 형성할 수 있다.

Chapter 2

리브랜딩
×
장소브랜딩

01

경리단길의 몰락과
을지로의 부활

우리가 기억하는 세계의 명물거리는?

고풍스럽게 늘어선 건물, 명품 브랜드숍과 거리의 노천카페에서 에스프레소 한잔을 여유롭게 즐기는 사람들의 모습이 낭만적인 파리 샹젤리제 거리는 유럽을 대표하는 풍광이다. 스타와 문화의 거리인 뉴욕 브로드웨이, LA 할리우드 명예의 거리, 런던 피카딜리 서커스 광장거리는 각 도시를 대표하는 명물거리로 손꼽힌다. 빌보드 차트 HOT100 1위를 달성한 한국의 보이그룹 BTS를 맞는 팬들도 유럽의 대표적 중심가인 피카딜리 서커스 광장거리를 가득 메웠었다. 재즈음악의 상징이라고 하면 뉴올리언스의 버번 스트리트를 떠올리고 런던의 애비로드는 비틀즈의 멤버 4명이 나란히 건너는 횡단보도 씬을 기억하는 세계인들이 찾는 명소가 되었다. 세계 금융의 중심지로 가장 먼저 떠오르는 뉴욕 월 스트리트와 그 거리 한편에 위치한 황소상이 떠오른다. 가본 적 없는 사람들조차 이미 인터넷과 매스컴을 통해 한 번쯤 접해 익숙한 장면이다. 아시아를 대표하는 상업의 중심지는 도쿄 긴자, 상하이 난징

루, 싱가포르 오차드로드가 있고 홍콩은 침샤추이와 센트럴 거리가 떠오른다. 한국에도 명동, 남대문, 동대문이라는 쇼핑거리가 있듯이 거리 자체가 도시의 상징이 되고 핵심 브랜드가 된다.

'경리단길'로 시작된 전국의 ~리단길

이태원의 경리단이란 이름은 예전 육군 부대 예산의 집행, 결산을 맡아보는 중앙 경리단이 이곳에 있던 유래에 경리단길이 붙여졌다. 이곳이 유명세를 타면서 전국적으로 대략 20여 곳의 '~리단길'이 생겨났다. 2013년부터 급격하게 주목받기 시작한 경리단길은 2015년에 언론과 SNS의 노출 빈도수가 최고치를 경신했다. 2016년부터 다시 줄어들기 시작해 현재는 공실이 넘쳐나는 유령골목이 되어버렸다. 이렇게 핫플레이스로 떠오른 골목들이 최근 몇 년간 흥망성쇠를 경험하고 있다. SNS 입소문으로 반짝인기를 누리다가 임대료 급등과 소비자 취향 변화가 맞물리며 급격히 쇠락하는 거리 또한 많아진 것이다. 경리단길에 가게를 열었던 연예인 홍석천 씨를 비롯한 상인들이 골목상권을 부활시키기 위해 경리단길 살리기 프로젝트에 나서기도 했다.

국토교통부 자료에 따르면 절정의 인기로 주말이면 발 디딜 틈 없이 붐비던 이태원 경리단길 주변 상가의 공실은 2019년 한 해 동안 25.9%로 같은 기간 서울 평균 공실률(7.6%)보다 세 배 이상 높았다. 필자도 지난봄 어느 날, 직접 방문하고 나서야 말로만 듣던 경리단길의 몰락을 몸소 실감할 수 있었다.

사람들이 몰릴 저녁 시간이지만 인스타그램에 4천 번 이상 태그된 한 식당에는 손님이 한 명도 없었다. 상점 하나 건너 임대 푯말이 보일 정도로 현장에서의 위기는 말로만 듣던 것보다 훨씬 더 처참했다. 2016년부터 2018년 사이 급부상한 망리단길(망원동 상권) 역시 이듬해부터 급격히 쇠락했다. 반면 을지로3가와 샤로수길(서울대입구)의 공실률은 0~4%로 북적거렸다. 입지 요건보다 SNS의 바이럴 효과가 골목 상권에 더 크게 영향을 미치면서 상권의 헤게모니도 빠르게 변화하고 유행 주기가 짧아지는 것이다.

서울역 고가도로의 도시재생으로 탄생한 서울로7017의 끝자락 도로는 만리동과 중림동에 이르는 골목은 급증한 방문객으로 아기자기한 점포와 가게들이 입소문을 타면서 중리단길이 탄생했다. 잠실 롯데월드타워 옆 석촌호수 인근에는 공식적으로 송리단길이라 불리기 시작한 거리이름이 공공표지판과 안내도에도 당당히 등장한다. 오랫동안 활용된 잠실, 석촌이라는 지명이 있음에도 생소한 단어가 '~리단길'의 유행을 타고 계속 생겨났다. 용산역 주변에는 고층 주상복합 아파트와 아모레퍼시픽 본사 등이 들어서며 용리단길도 뜨는 거리 반열에 올랐다. 서울에서만 '리단길 5형제'가 서로 경쟁하는 형국이다.

인천 부평에는 '평리단길'이 있다. 부평과 경리단길을 합친 단어다. 이곳은 예전부터 커튼 가게들이 밀집해 있어 커튼 골목이라 불렀던 시장거리인데 젊은 상인들이 들어와 상권이 활성화되면서 평리단길로 발전했다. 수원 화성행궁 인근에서는 젊은 사람들이 많이 찾는 행리단길이 있다. 수원의 인사동으로 불리는 행리단길은 문화유산 인근에 젊은 감성에 부합하는 레스토랑, 카페, 기념품숍이 줄지어 들어서며 소위 뜨는 동네로 변모했다. 그런데 지명으로 인해 지역상권이 활기를 찾는 것은 반가운 일이지만 거리 이름도 따라하기가 필요했는지에 대해서는 생각해 볼 일이다. 오히려 커튼 스트리트, 화성행궁길이라는 지명이 지역의 정체성을 나타내는게 아닐까. 경주에는 이제 너무나도 유명해진 황리단길이 있다. 황리단길은 봉황로 내남사거리 입구에서 황남동 주민센터까지 이어지는 약 450m의 편도 1차선 도로를 일컫는다. 황남동은 경주의 특산품인 황남빵의 고장으로 유명한데 한옥지구거리가 새롭게 정비되면서 자연스레 불리게 되었다.

이 밖에도 광주의 동리단길, 전주의 객리단길, 부산의 해리단길, 김해의 봉리단길 등 '~리단길'이라는 명칭이 붙여진 상권은 전국에 20여 곳이 넘는다. 재화가 아닌 경험을 소비하는 젊은층의 특성이 반영된 결과라고 볼 수 있는데 접근성이 다소 떨어져도 고유의 개성을 갖고 있으면 핫플레이스로 급격히 발전하는 경향을 보였다. 인스타그램과 유튜브 등 SNS로 기록하고 경험하는 일상이 자유로운 세대에게 자신의 경험이 인정받는 과정에서 만족감을 높여주는 것이다. 즉, 장소를 하나의 상권으로 인식하는 2030 세대에게 '~리단길'은 이들의 만족도를 높여주는 브랜드인 셈이다. 사실 '~리단길'보다 먼저 전국적인 붐을 일으킨 거리이름이 있다. 다름 아닌 '로데오거리'이다. 원조는 90년대 강남 패션을 주도한 압구정동의 로데오거리이다. 1990년대 후반부터 2000년대 초반까지 미국 유학생이 주축이 되어 소비문화를 이끌었던 계층, 즉 오렌지족으로 통했던 신세대들이 즐겨 찾던 이곳은 신사동 가로수길과 청담동에 밀려났지만 최근 1~2년 사이 부활의 움직임을 보이고 있다. 20여 년 간 전국을 강타한 압구정 로데오의 영향력은 지역마다 번화가 명칭에 영향을 미쳤다. 문정동, 천호동, 가리봉동, 목동, 건대, 일산, 산본, 수원역, 의정부, 구월동 등 수도권부터 해운대, 동성로, 광주, 진주, 춘천까지 전국적으로 셀 수 없을 만큼 많은 로데오거리들이 현재도 통용되고 있다. 그러나 '~리단길'이나 로데오거리 모두 전국의 뜨는 상권을 획일화시켰다는 비판의 목소리도 뒤따른다. 이처럼 획일적인 지명은 움베르토 에코의 표현을 따른다면 '긴 시간을 생각하지 못하는 무능력'과 같다. 적어도 지명에 대해서는 단기적인 유행에 편승해서는 곤란하다. 도시를 인식하게 하는 힘은 따라하기식의 지명이 아니라 지역이 오랜 시간을 거치며 형성된 고유의 특성에서 나타난다.

'내가 너의 이름을 부를 때 너는 나에게로 와서 꽃이 되었다'

김춘수 시인의 '꽃'에 나오는 이 유명한 시구는 네이밍이 얼마나 중요한지 상징적으로 보여준다. 장소의 네이밍도 마찬가지다. 한번 명명된 지명은 쉽게 바꿀 수 없기에 그 지역의 특색이 드러날 때 더욱 의미가 깊어진다. 이제 거리 이름 따라하기를 멈추고 지역 주민의 아이디어와 지혜를 모아 지역의 정체성을 함축한 독창적이고 고유한 이름을 가져야 한다. 반짝하고 사라질 대중가요가 아니라 클래식 음악처럼 100년 이상 지속될 고유의 지명이 필요하다.

짧아지는 길의 수명

전문가들은 골목상권의 흥망성쇠 주기가 더 빨라지고 있다고 지적한다. 임대료 급등으로 원주민이 내몰리는 젠트리피케이션 현상의 시초로 불리는 신사동 가로수길의 상권이 본격적으로 성장해 정점을 찍을 때까지 5~6년이 걸렸다. 경리단길은 이 같은 주기가 2~3년에 불과했다. 신한카드에 따르면 요식업 가맹점들의 경리단길 인근 상점들의 카드 이용 건수는 2011년에 전년보다 42% 증가했다. 2013년과 2014년에 각각 119%, 157% 급증했고, 2016년 23%로 증가폭이 줄더니 2017년부터 마이너스 상태로 그 감소폭이 심해졌다. 서울연구원이 지난 2015년 발표한 〈서울시 상업 젠트리피케이션 실태와 정책적 쟁점〉 보고서에 따르면 상권도 제품처럼 빨리 소비하고 다른 상권을 찾아 이동하는 경향을 나타낸다. 실시간으로 정보를 공유하는 SNS가 발달할수록 정보의 확산속도와 범위가 커지고, 트렌드에 민감한 젊은 소비자들은 소위 SNS 맛집을 찾아가며 상권은 이전보다 더 빠르게 활성화된다는 설명이다. 그러나 블로그나 인스타 맛집을 찾아온 일회성 손님은 일반적으로 단골손님에 비해 이용 금액이 적고, 유동인구가 늘어날수록 단골손님은 줄어든다. 결국 장기적으로는 매출이 감소하는 구조로 악순환이 이어진다.

전통 산업과 새로운 상권의 한판 승부

레트로 문화를 상징하는 지역으로 부상한 을지로는 70년대 이후부터 도시와 산업에 필요한 생산활동이 일어나는 서울의 대표적인 상공업 지역으로 명성을 떨쳐 왔지만 몇 해 전부터 변화의 조짐이 눈에 띄게 나타났다. 임대료가 싼 공간을 찾던 예술가와 젊은 상인들이 을지로 일대의 오래된 건물들에 입주해 작업실이나 상점으로 이용하기 시작했다. 그리고 이런 공간들은 일종의 언더그라운드 문화공간으로 주목받았다. 을지로는 명동과 종로, 동대문 사이 도심에 위치해 회사원들의 왕래가 잦아졌고 청계천-을지로-세운상가 일대 도시재생사업으로 관심 밖 장소였던 을지로에 많은 관심이 쏠리기도 했다.

그런데 을지로에 대한 관심과 활성화가 반갑지 않은 사람들도 있다. 다름 아닌 을지로를 삶의 터전으로 오랜 세월을 보내온 원주민들이다. 을지로에서 수십 년간 터를 잡고 일하며 살아가던 이들은 갑작스레 볼

거리 전락한 기분이라며 새롭게 터를 잡은 예술가들과 젊은 상인들을 탓했다. 임대료가 상승하면서 원주민이 내쫓기는 현상은 을지로뿐만이 아니라 도시재생사업을 진행하는 전 세계 도시 곳곳에서 발생하는 도시재생의 역설이다. '힙Hip지로' 열풍이 시작된 2015년 무렵부터 을지로 도심 재생사업이 진행되면서 예술가와 젊은 사업가들이 하나둘씩 들어왔고 이때부터 도심 안 사각지대처럼 관심 밖 지역이었던 을지로가 핫플레이스로 SNS에 등장하기 시작했다.

서울 중구청은 2015년 '을지로 디자인 예술프로젝트'라는 이름으로 도심의 버려진 공간을 예술가들에게 지원하는 사업을 진행했다. 비교적 낮은 임대료와 접근성을 고려해 을지로에 터를 잡은 예술가들은 뒷골목 담벼락과 셔터에 그림을 그리고 노상 갤러리를 만드는 등 미술로 거리에 생동감을 불어넣는 작업을 시작했다. 이렇게 예술로 채워지기 시작한 을지로는 낙후된 슬럼가와 도매창고 속 힙한 공간으로 재탄생했고, 클래식함과 트렌디함이 조화를 이루는 카페와 음식점이 연달아 생겨났다. 여기에 서울시 청년창업 지원사업인 '다시 세운' 프로젝트까지 더해지면서 지역 활성화에 탄력을 받게 되었다. 예술가들이 정부 지원과 청년창업이라는 순풍을 타면서 을지로는 일평균 유동인구 6만 2,000명에 달하는 핫플레이스가 되었다. 도시재생, 지역 상생이라는 취지는 좋지만 '~리단길', '~로수길'로 패스트푸드나 패스트패션처럼 특색 없이 생겨난 상점들은 곧 유동인구가 줄고, 가장 먼저 문을 닫으면서 상권이 급속히 쇠락하는 모습을 우리는 경험했다.

한국의 도시재생은 벽화, 포토존 설치, 보행환경 정비 등 거리와 건물을 세련되게 꾸미고 사람들이 찾아와 인증샷을 남기고 먹고 둘러보다 돌아가게 하는 천편일률적 계획 많다. 을지로나 성수동이 유난히 걱

정되는 이유는 동네의 속성이 원래 장사를 하던 곳들이 아니라 오랫동안 길들여진 지역 고유의 산업이 공존하는 즉, 일반인이 대상이 아닌 곳이었기 때문이다. 도심지가 도시정비 사업으로 거시적 차원에서 상권을 변화시키고 지역에 활기를 불어넣고 있지만 새로운 산업이 들어올 때 기존 상권도 보호하고 육성하기 위한 방안도 고민해야 한다.

02

공생을 위한 도시재생

··· 부산 감천문화마을

"어떤 도시의 내면을 경험하려면 시장과 광장, 공원 등의 공공공간에
가야 한다. 우리는 도시 공공공간에서 한 도시의 고유한 분위기를
느낄 수 있고, 집합적인 에너지를 체험할 수 있다.
이렇듯 공공공간은 도시의 풍경을 만들고, 좋은 공공공간은 살기
좋은 도시와 매력 있는 도시의 전제조건이다."

– 조경진 교수 (서울대 환경대학원)

걷기 좋은 동네가 살기 좋은 동네

행복하고 풍요로운 인생을 위해 건강을 중요시하며 걷는 사람들이 늘어났다. 도시는 정보통신기술의 발달로 더 편리해지고, 자동차는 더 빨리 목적지에 도착할 수 있도록 만들어 주었다. 하지만 사람들은 반대로 꾸불꾸불한 골목길을 찾아 산책하고 새로운 경험을 즐기며 의도하지 않은 즐거움과 여유를 만끽한다. 지자체에서도 걷기 캠페인과 이벤트, 걷기 좋은 만들기에 적극 나서고 있다. 걷기 좋은 동네가 살기 좋은 동네가 된 것이다. 왜 그럴까? 사람이 만든 도시는 공동체의 삶과 직결된 터전이지만 도시는 사람을 외면했다. 도시의 주인인 사람이 중심이 아니라 자본을 중심으로 고층 빌딩과 도로가 만들어졌다. 우리네 삶의 희로애락을 이웃들과 함께 했던 옛 가옥의 툇마루와 앞마당의 역할을 도시에서는 사유화된 공간, 특히 카페가 대신하고 있다.

이제 도시는 100m 달리기와 같은 속도와 효율성이 아니라 42.195㎞의 마라톤과 같이 꾸준하고 지속 가능한 개발로 패러다임을 바꿔나가야 한다. 삶의 질이 그 무엇보다 중요시되는 지금, 사람들은 걷고 싶고, 이야기하고 싶고, 휴식을 취하며 생활의 에너지를 충전할 수 있는 장소를 원하기 때문이다. 서울시는 산업환경 변화와 도심 재편으로 방치된 공간을 도시재생을 통해 시민을 위한 공공공간으로 바꿨다. 선유도공원(2002), 청계천(2005), 세운상가(2015), 창동 플랫폼61(2015), 경의선공원(2015), 서울숲(2016), 서울로7017(2017), 돈의문 박물관마을(2017), 노들섬(2019) 등이 대표적이다. 이 공간들은 이색적인 문화공간으로 먼 곳에 사는 사람들도 일부러 찾아올 만큼 발길이 끊이지 않는다. 누구에게나 접근이 쉬운 열린 공간이 조성되어 타인을 만나고 소통의 장으로 활용하면서 공동체의식도 높일 수 있는 계기가 만들어지고 있다.

차가 떠난 길에 사람이 모인 서울로7017

2017년 5월 20일, 서울역 북쪽 고가도로가 보행자 전용도로 '서울로 7017'로 바뀌어 시민의 품으로 돌아왔다. 60·70년대 산업화를 이끌었던 이 도로가 도시구조 변화로 철거 위기에 놓였다가 역사성을 보존하며 도심 속 걷기 좋은 공간으로 시민에게 돌려주자는 목적으로 서계동과 명동을 잇는 도보 산책로를 조성했다.

©서울시, 서울로7017

현재 서울시 직영과 민간위탁 공동운영방식으로 관광목적이 아닌 도심에서 자연을 느끼고 휴식을 취하기 좋은 공간으로 프로젝트 작업이 진행되었다. '서울로7017' 프로젝트와 유사한 뉴욕 '하이라인 파크'의 사례는 어떨까? 공포의 거리로 방치된 고가철도를 시민들이 가장 사랑하는 공공공간으로 완벽하게 변신시킬 수 있었던 이유는 무엇일까?

꿈으로 만들어진 문화공간, 뉴욕 하이라인 파크

도시는 끊임없이 변화한다. 어떤 공간은 시대에 따라 화려했다가 흉물이 되기도 한다. 기억에 잊힌 공간은 쓸모없다는 이유로 대부분 철거되지만. 어떤 공간은 지역의 역사와 추억을 지키려는 주민의 노력으로 그 모습 그대로 새로운 이야기를 채워간다. 하이라인High Line은 뉴욕 맨해튼 도심을 가로질렀던 방치된 철도로 개발자들이 철거만 기다리고 있는 장소였다. 자동차가 더 빨리 다니고, 고층건물이 들어설 뻔도 했지만, 주민들의 노력으로 도시의 정취를 만끽할 수 있는 공간으로 재탄생했다. 이제는 도시의 흉물에서 산책과 조깅, 티타임의 여유를 즐길 수 있는 공간이자 도심을 한눈에 담을 수 있는 조망으로 삶의 질을 높이는 문화공간으로 시민들에게 사랑받고 있다.

하이라인 파크는 대표적인 해외 도시재생 사례로 꼽히는데 프랑스의 프롬나드 플랑테를 모티브로 삼아 역사적, 인공적 문화 상징 요소를 활용하여 역사성과 특별성을 가질 수 있도록 했다.

뉴욕을 대표하는 장소브랜드가 된 하이라인 파크는 1934년 지상 9m 높이에 설치한 고가철로로 화물을 운송하기 위해 만들어졌다. 이후 화물 운송에 트럭이 주로 이용되면서 1980년 철로 운행이 중단됐다. 뉴욕시는 이를 철거할 계획이었지만 공원화를 주장하던 주민들의 의견수렴으로 1980년대 이후 버려진 화물운송 철도고가를 공간으로 재조성했다. 역사성과 차별성을 갖출 수 있도록 구조물 전체를 철거하지 않고 철로의 3분의 1을 남겨 산책로로 조성했고 구간별로 정원을 비롯해 각종 의자와 수변 공간을 배치했다. 2004년 기획을 거쳐 2014년 세 번째 구간이 완공됨으로써 2.5km의 공원 전 구간이 완성되었다. 또한 공원을 중심으로 장 누벨, 시게루 반, 프랭크 게리 등 유명한 건축가들의 건물이 있어 멋진 경관을 연출하고 있다.

　공원이 생기면서 주변 부동산이 개발되고 각종 문화시설이 유입되고 상권이 활성화되었다. 이로 인해 새로운 일자리가 1만 2,000여 개가 창출되었는데 이는 성공적인 장소브랜드 개발이 도시의 사회 및 경제 활성화를 가져옴을 입증하는 것이다. 보행로와 별도로 마련된 화단에 특색있는 디자인을 도입하고, 다양한 문화예술 콘텐츠를 도입하는 한편 커뮤니티를 운영해 하이라인을 사람이 모이는 맨해튼의 문화 중심지로 만들었다. 하이라인에 사람이 모이자 휘트니 현대미술관이 이전하고 호텔, 사무실, 갤러리 등 민간개발의 붐이 일면서 일자리가 늘어나고 주변 경제도 살아났다. 경제가 살아나면서 주변 임대료가 상승했지만, 하이라인이 지금의 모습을 유지할 수 있었던 배경에는 관리비의 90% 이상을 기부금, 멤버십 후원비, 기념품 수익금, 공간 대관 수익으로 충당하고 시민 주도로 정체성을 만들어가고 있기에 외부의 큰 영향을 받지 않고 일관성 있게 운영되고 있다.

"도시재생, 변화를 꿈꾸는 사람이 모여 세상을 변화시킨다"

도시도 결국 사람을 위한 장소다. 우리가 어디서 살고 어디서 일할지, 어디서 만나고 어디서 살지 고민하는 것이 살고 싶은 도시를 만드는 출발점이다. 그리고 살고 싶은 도시로서 인식이 형성되는 과정은 높이나 시간과 같은 하드웨어보다 공공디자인, 문화예술 콘텐츠, 브랜드 커뮤니케이션과 같이 소프트웨어가 더 크게 작용할 때가 많다. 국내 지자체에서 활발히 이루어지고 있는 도시재생의 경우 처음 시작은 제2차 세계대전 후 산업구조가 급속히 전환되면서 생겨난 도심 쇠퇴 현상을 극복하기 위한 방법이었다. 세계에서 도시재생 정책을 가장 먼저 도입한 곳은 영국이었는데 도시재생의 성공사례로 글래스고, 셰필드, 런던 도클랜드 등이 꼽힌다. 당시에는 도시계획 관점에서 사업이 이루어졌는데, 현재는 정부의 정책과 제도적 절차에 따르는 기존의 도시재생사업과 달리 해당 지역을 둘러싼 이해관계자들이 중심이 되어 긴밀한 협력을 통해 사업이 다루어지고 있다. 도시재생사업의 궁극적 목적이 지역주민의 삶의 질을 높여 살기 좋은 장소를 만드는 일이기 때문이다.

크라우드 펀딩을 통한 시민주도 도시재생, 네덜란드 로테르담 육교

네덜란드 제2의 도시 로테르담에 있는 호프플레인Hofplein 거리는 도시의 대표적인 번화가였다. 그러나 1990년대에 접어들면서 철길과 8차선 도로 때문에 보행이 금지되면서 주변 상가를 찾는 발길이 끊기고 교통정체는 심해져 거리가 점차 낙후되어갔다. 로테르담시는 뒤늦게 육교 건설과 지역 재정비를 포함한 도시개발종합계획을 발표했지만 완공까지는 무려 30년이 필요했다. 이러한 장기적인 계획에 빌딩의 공실률은 높아졌고, 인적이 끊긴 거리의 범죄 발생률은 증가했다. 2011년, 마침 그 거리에 입주해있던 ZUS 건축사무소가 '내가 만드는 로테르담(I Make Roterdam)' 프로젝트를 제안했다. 그것은 시민들이 육교 건설에 필요한 자금을 모으고 펀딩에 참여한 시민들의 이름과 메시지를 육교에 직접 새겨 기념해주는 것이었는데 시민들은 투자한 금액에 따라 더 많은 육교 메시지 면적을 확보할 수 있었다. 3개월 동안 진행된 프로젝트에 8천여 명이 참여하고 10만 유로(약 1억 3천만 원)가 모였다. 30년이 걸린다며 느긋했던 지자체도 시민들의 적극적인 활동을 지원하면서 45억 원을 지원해주었다. 그 결과 육교 건설은 물론이고 육교와 이어지는 옥상공원이 만들어지는가 하면 호프플레인 기차역 리모델링, 인근 폼펜버그 공원 조성까지 프로젝트가 확장되었다. 변화를 원했던 시민들의 자발적 움직임이 3년 만에 낙후된 주변 지역까지 활성화시키며 나비효과가 되었다. 이제 이 육교는 단순한 통행로를 넘어 직접 참여하는 이벤트와 공연, 전시까지 문화를 즐기는 시민들의 공간이자 휴식처가 되었다.

폐가를 살리려는 자발적 모임, 제주 폐가살리기 협동조합

　통계청에 따르면 전국의 폐가는 2019년을 기준으로 150만 호를 넘어섰다. 공식 자료에 집계되지 않은 폐가는 더욱 많을 것이다. 제주도에는 약 28만여 세대가 있는데 그중 1% 이상은 아무도 살지 않는 폐가이다. 폐가는 관광도시인 제주에서 미관상 좋지 않기 때문에 제주시에서도 민감하게 생각하는 골칫덩어리였지만 대부분의 폐가가 사유지에 있어 강제로 철거할 수는 없었다. 이런 상황에서 제주의 폐가를 살리려는 청년들이 있었다. 그중의 한 명인 제주폐가살리기협동조합 김영민 대표는 제주가 좋아 거처를 옮긴 제주 이민자다. 2010년 제주에 6개월 정도 머물며 버려진 폐가들이 많다는 것을 알고 4개월 동안 폐가와 관련 자료를 찾았다. 확인한 폐가만 2천 가옥이 넘었다. 제주도의 본 모습을 지키기 위해 폐가를 살리겠다고 마음먹은 김 대표는 2012년 6월, 제주폐가살리기협동조합을 설립했다. 첫 목표 지역이었던 제주시 한림읍 한림3리였는데 폐가 철거비용을 부담스러워하던 집주인이 그에게 무상으로 땅을 빌려주었고 사업비는 대중에게 투자를 받는 크라우드 펀딩으로 마련했다. 온오프믹스 사이트(www.onoffmix.com)에 사업계획을 올리자 열흘 만에 100여 명이 참여했다. 1,200만 원이 모였고 1년 만에 조합원은 150명 남짓 되었다. 그리고 일반 후원자도 350명 정도가 모였다. 대부분 육지에 거주하지만 제주를 사랑하고 협동조합의 취지에 찬성하는 사람들이 후원자로 참여했다. 폐가를 수리할 때에는 전문 시공업체가 아닌 일반인들의 직접 참여방식으로 진행했는데, 벽돌을 나르거나 페인트를 칠하는 등 봉사한 사람만 500명 이상으로 프로젝트는 성공적이었다. 이와 같은 직접 참여방식은 집을 만드는 기술을 익히고 인적 네트워크를 형성하고, 경우에 따라 건축을 직업으로 삼을 수 있는 기회를 제공했다.

위에서 살펴본 사례들은 정부가 주도하는 탑다운 방식이 아니라 시민들이 자발적으로 힘을 합쳐 지역 문제를 해결하는 바텀업 방식으로 시민의 경험을 강화하고 지역 전체의 공감을 통해 장소를 개발하는 형태로의 진화를 보여주고 있다. 주민들이 자발적으로 힘을 합쳐 도시재생 활동을 하고 유대감을 형성하며 도시가 긍정적으로 변화하는 모습을 보면서 다른 주민들도 도시재생에 관심을 갖게 되었다. 그리고 그것은 또 다른 프로젝트와 펀딩에 참여할 수 있도록 동기부여를 제공했다. 우리가 살아가는 곳을 변화시키고자 하는 사람들의 노력이 있다면 도시재생은 어느 지역에서나, 언제나 가능하다. 다행히 자신이 사는 지역을 더 살기 좋은 곳으로 만들려는 노력이 지역사회를 중심으로 나타나고 있어 지역 커뮤니티를 구심점으로 한 변화가 기대된다. 이 모든 것의 시작은 내가 사는 곳에 대한 관심과 애정이다.

시민의 참여로 재탄생한 문화비축기지

서울 상암동 월드컵경기장 맞은편에 위치한 커다란 공간인 마포 석유비축기지는 5개의 커다란 탱크가 자리잡고 있는 을씨년스러운 분위기를 자아낸다. 오랫동안 일반 시민의 접근이 통제되고 흉물로 방치되었던 산업화 시대의 유산 석유비축기지는 2017년 9월 1일 '문화비축기지'라는 이름으로 재탄생했다. 산업화의 과정에서 만들어진 이 공간이 공연장과 전시장, 녹지공간을 갖춘 문화시설로 탈바꿈할 수 있었던 비결은 무엇일까?

　정부는 1970년대 석유를 저장할 목적으로 석유비축기지를 건설했다. 1급 보안시설로 40여 년간 통제되었던 마포 석유비축기지는 일반인들은 존재 유무를 알 수조차 없었던 비밀의 공간이었다. 이 비밀의 공간은 2002년 월드컵 유치가 확정된 후 바로 옆에 월드컵경기장이 들어서면서 위험시설로 지정되어 2000년에 경기도 용인으로 이전된다. 이후 상암동 일대에 디지털미디어시티가 조성되고 서울의 쓰레기를 매립하던 난지 매립지는 노을·하늘공원으로 바뀌면서 큰 변화의 바람이 불었다.

©서울시, 시민개방형 복합문화공간으로 조성된 문화비축기지

인근 평화의 공원에 에너지드림센터가 건립되는 등 친환경 정책기조에 맞춰 따른 다양한 시설과 공간이 조성되었다. 그러나 석유비축기지 부지는 별다른 활용방안 없이 방치된 상태로 남아있었다. 시간의 흐름 속에서 석유비축기지도 다시 주목받기 시작했고 친환경 인프라와 상암동의 첨단산업이 만나는 접점에 위치해 문화적 공간으로서 활용될 수 있는 잠재력과 활용가치가 높이 평가되며 복합문화공간으로 조성되었다. 친환경 도시재생이 세계적인 도시개발의 패러다임으로 자리 잡은 상황에서 지속 가능한 친환경 도시를 향한 서울시의 의지가 석유비축기지를 문화공간으로 활용하는 새로운 접근방식을 가능하게 했다.

2013년 3월, 서울시는 문화적 도시재생을 위해 환경과 생태적 가치를 존중한 프로젝트를 착수하게 되었고 시민이 중심이 된 공간 활용계획을 고민하면서 인지도와 관심을 끌어올리기 위한 전략을 구상했다. 먼저 문화시설로 바뀌는 시설을 이용하는 시민의 입장에서 공감대를 형성할 수 있도록 다양한 의견을 수렴하기 위해 시민 공개포럼과 시민 아이디어 공모전 등을 개최했다. 아울러 도시, 건축, 조경, 환경, 문화 등 관련분야의 전문가 의견을 취합해 관官 주도의 일방적인 도시계획에서 벗어나 시민 의견을 적극적으로 반영했다는 점에서 문화적 도시재생의 모범사례로 언급되고 있다.

문화비축기지의 시민참여는 개장 이후에도 꾸준히 진행되고 있다. 2017년 9월 정식 개장 이후 시민이 참여하는 다양한 문화공연 프로그램을 진행하고 있다. T1에서 T6까지 각 건물의 테마를 조금씩 차이를 두면서 공연의 장르도 다르게 구성했다. 매월 둘째 토요일에는 시민과 사회적기업, 지역 예술인 등이 참여하는 열린장터가 열리고 홍대 잔다리페스타 특별공연, 우쿨렐레 음악축제, 야외전시, 밤도깨비 야시장 등 다양한 행사가 열리고 있다. 기존에 공원에서 보던 야외공연의 프로그램 방식과 달리 시민 스스로의 활동으로 기획·운영하고 많은 관심과 참여를 이끌어내면서 문화가 지역 부흥의 묘약으로 활용되는 시대에 시민들이 그 중심이 되어야 함을 일깨워주고 있다.

　도시재생은 낙후되거나 버려진 건물의 리모델링뿐만 아니라 유휴공간을 역할이 있는 의미 있는 공간으로 탈바꿈시키는 일도 포함한다. 비어있고 방치된 공간의 의미 부여를 통해 장소를 중심으로 커뮤니티가 형성될 수 있다. 도시재생은 물리적 요소와 문화적 요소가 조화롭게 결합되어 도시민의 삶에 긍정적인 영향을 주며 도시민과 도시의 자생력, 변화가능성, 지속성을 함께 모색함으로써 발전적인 결과를 가져올 수 있다. 이처럼 도시재생을 통해 지역 활성화라는 결과를 얻기 위해서는 장소브랜드 개발이 필요한데 이를 위해 기존의 도시가 지닌 차별화된 문화상징 요소를 파악하는 것이 중요하다. 장소브랜딩을 통한 도시재생 정책은 기존 도시의 부정적 이미지를 없애고 새로운 이미지 구축을 통해 도시경제와 문화를 활성화시키는 도시경영의 주요한 정책이다. 도시경제 활성화라는 공통의 목적 아래에서 저마다의 필요에 의해 경쟁적으로 장소브랜드를 개발하고 있다. 하지만 도시의 정체성을 고려하지 않고 경쟁지역의 모방을 통해 획일화되는 경우가 많은 실정이다. 그러므로 장소 고유의 특수성, 독창성, 상징성을 가진 문화상징요소를 자원화하고 이를 활용하는 장소브랜드 개발이 필요하다. 장소브랜드의 성공적인 전략은 긍정적인 이미지를 심어주는 이미지 구축과정이 필요하다. 해당 장소의 핵심가치를 찾아내고 수요자들의 요구를 가치 안에 부합시킴과 동시에 이를 증대시키는 적극적인 전략이 요구된다. 그리고 이러한 이미지 구축과정에서 문화예술 요소의 적극적 활용이 필요하다.

도시재생 종합정보체계(URIS)

URL	www.city.go.kr
법적근거	도시재생 활성화 및 지원에 관한 특별법 제29조
추진배경	도시재생 관련 정보의 종합적 제공 및 업무지원을 목표로 국토교통부에서 LH(도시재생지원기구)로 시스템의 구축·운영·관리에 관한 업무를 위탁해 2014년부터 관련 서비스 제공 중
시스템 목적	산재된 도시재생 관련 지표의 체계적인 관리와 정보공유를 통해 국가 도시재생 사업이 활성화 증진 및 투명한 의사결정 지원
주요기능	(포털서비스) 정책소개, 사업현황, 지식 및 배움터 등에 대한 정보서비스 (분석서비스) 도시재생 뉴딜사업 대상지 및 활성화지역 발굴을 위한 기초분석

©LH 도시재생지원기구

Case Study

: 도시에 색(色)을 입혀라

음악을 장소브랜딩에 활용한 사례

모차르트의 도시, 잘츠부르크

City of Mozart

Mozart was born in Salzburg back in 1756. The Mozart Residence on Makartplatz and the Mozart Birthplace on the Getreidegasse, both of which are now museums, remind us of his extraordinary childhood. Numerous concerts, festivals and guided tours keep the spirit of Mozart alive and well in Salzburg.

Salzburg as the City of Mozart

Mozart chocolates, Mozart rubber ducks, Mozart ice cream. There is practically nothing that doesn't sport the likeness of this city's greatest son. As the city in which **Wolfgang Amadeus Mozart** was born and grew up, Salzburg can fairly claim the title of City of Mozart. Visitors to Salzburg will bump into Mozart around almost every corner.

··· 잘츠부르크시 웹사이트

알프스산맥을 끼고 있는 유럽 중부의 내륙국가 오스트리아. 이곳 서부에 위치한 잘츠부르크에서는 지역의 유명인을 이용하여 도시의 이미지를 만들고 있다. 그 유명인은 우리에게 익숙한 천재 음악가 모차르트다.

잘츠부르크는 모차르트가 태어나 25살까지 살았던 고향으로 모차르트의 이미지를 도시에 일괄적으로 접목시켰다. 모차르트의 동상을 세우고 모차르트 생가가 있는 거리를 관광 코스로 개발하는가 하면 모차르트의 모습이 새겨진 초콜릿, 치즈 등 상품을 개발해 판매하면서 지역경제에 큰 이익을 가져다주고 있다. 모차르트를 활용한 도시 이미지 포지셔닝은 성공적이었고 그래서 세계적인 관광명소로 주목받고 있다.

잘츠부르크는 모차르트의 도시답게 연중 셀 수 없이 많은 음악회가 개최되고 있다. 특히 100년의 역사를 가진 잘츠부르크 페스티벌은 한여름 약 5주 동안 열리는데 세계적으로 유명한 음악가들이 모여 오페라, 연극, 관현악, 실내악 등 음악 공연을 펼쳐 보이는 종합예술축제로 자리매김했다. 잘츠부르크 대성당에는 모차르트가 연주한 오르간이 전시되어 있고 대표적인 번화가인 게트라이데 거리에 생가가 보존되어 있는 등 모차르트의 흔적이 도시 곳곳에 남아있다.

영화 사운드오브뮤직의 촬영지인 미라벨 정원 또한 음악을 사랑하는 사람들에게는 반드시 들려야 할 인기장소 중 하나다. 미라벨 정원 내부에 수시로 열리는 크고 작은 음악회들을 즐길 수 있는 공간이 많아 모차르트의 발자취를 경험하는 것뿐만 아니라 도시 전체에서 다양한 음악을 함께 즐길 수 있다. 잘츠부르크 페스티벌이 도시 전체를 먹여 살리고도 남을 만큼 경제적 효과도 엄청나다. 축제 사무국의 통계에 따르면 2019년 행사에서 총 3억 1,200만 유로(약 4,100억 원)를 벌었는데 단순히 경제적 효과 외에도 지역사회를 하나로 융합하고 문화를 발전시키는 부수효과를 만들어 내고 있다. 시민들은 음악과 축제라는 지역 콘텐츠 부흥에 직·간접적으로 참여하면서 공동체 의식이 강해지고 지역의 문화 수준이 높아지는 선순환 구조가 만들어졌다.

비틀즈의 도시, 리버풀

한국인들이 이역만리 영국의 리버풀에 대해 떠오르는 이미지는 무엇일까? 아마도 비틀즈 아니면 축구일 것이다. 젊은 세대에게는 프리미어리그 최고의 구단 중 하나인 리버풀 FC가 떠오르고 중년 이후 세대에게는 비틀즈가 탄생한 도시로 기억되리라 짐작해본다. 18세기 노예무역의 중계항으로 발달한 리버풀은 철강 산업도시로 유명한 항구였지만 산업기반 미흡, 무역량 감소 등으로 공업도시로의 입지가 쇠퇴했다. 쇠락한 철강 도시의 이미지가 고착화되어갈 무렵 리버풀은 1980년대에 들어서면서 공공분야와 민간기업의 협력을 통해 도시재생 관련 사업을 시작했다. 이때 도시브랜딩의 요소로 반영된 것이 바로 리버풀로 상징되는 문화예술 분야였다. 인구 50만 명이 조금 넘는 항구도시 리버풀은 도서관, 박물관, 미술관이 많고 유명한 교향악단을 보유하고 있으며 수많은 건축과 문화유산이 도시 곳곳에 있었다. 그리고 무엇보다 세계인들의 가슴을 울리는 전설의 록그룹 비틀즈의 고향이라는 특징이 있었다.

리버풀에서 비틀즈는 도시 자체이면서 문화산업이다. 리버풀의 공항

이름은 비틀즈의 리더 존 레논의 이름을 딴 존 레논 공항이고 매튜 스트리트, 앨버트독 항구 등 비틀즈 멤버의 이름을 딴 지명이 곳곳에 있다. 리버풀은 철저한 문화관광 전략과 상상력, 스토리텔링으로 도시의 이미지를 개선시켜 나갔다. 그중 가장 대표적인 것이 바로 비틀즈 투어인데 비틀즈의 숨결을 찾아 돌아다니는 이 관광상품으로 연간 400만 명 이상이 방문하고 있다. 전 세계 비틀즈 팬들은 순례지와 같은 관광코스를 통해 비틀즈 멤버들의 삶의 동선을 따라가도록 했다. 처음 유료 공연을 했던 카번클럽이 있는 매튜 스트리트를 비롯해 비틀즈 노래에 등장하는 유명한 페니레인, 스트로베리필드, 앨버트독의 비틀즈스토리 박물관까지 코스가 이어진다. 매튜 스트리트의 존 레논 동상은 관광객들이 너무 많이 만져 반질반질 윤이 날 정도다. 조지 해리슨과 폴 매카트니가 다닌 리버풀 인스티튜트 고등학교의 통학길도 투어코스 중 하나로 포함되어 있다. 폴이 살았다는 허름한 벽돌집은 영국에서 시작된 글로벌 시민단체 '내셔널 트러스트'에 의해 특별 관리되고 있다. 비틀즈 만큼 유명한 것이 바로 리버풀의 대표 축제인 매튜 스트리트 페스티벌Mathew Street Festival이다. 매년 8월 공휴일 주말에 이틀 동안 열리는 이 축제는 유럽에서 가장 큰 도시 뮤직 페스티벌로 1993년부터 시작되어 매년 전 세계에서 온 95개 이상의 밴드가 참여해 6개의 야외무대에서 무료로 공연하며 매년 30만 명 이상의 관중을 끌어모으고 있다. 쇠락했던 항구도시 리버풀은 음악과 축제를 통한 도시의 재활성화로 2008년 EU 유럽문화수도에 선정되었고, 매년 1,500만 명 이상이 찾는 영국의 대표 문화도시로서 자리매김했다. 리버풀이 한 해 동안 벌어들이는 관광 수입은 연간 1조 5,000억 원에 달한다.

캐릭터를 장소브랜딩에 활용한 사례

　문화체육관광부는 2018년부터 지역·정책 브랜드 강화와 지역관광 및 경제 활성화를 위해 '우리동네 캐릭터 대상'을 개최하고 있다. 지역에 대한 긍정적 느낌을 갖도록 하는 캐릭터의 중요성이 커졌기 때문이다. 이미 해외에서는 캐릭터가 지역의 홍보 수단으로 대중적으로 활용되는 곳이 많다. 그러나 국내에서는 상당수의 지방자치단체 캐릭터가 만들어 놓고 제대로 활용하지 못한 채 방치되어 왔다. 지자체의 캐릭터는 상업적 캐릭터와 동일하게 생명력을 갖추어야 캐릭터로서의 가치를 가지게 된다. 생명력을 갖춘다는 것은 디자인에 독특한 특성이 있거나 이름, 성격, 행동, 목소리 등의 개성에 의하여 흥미를 주거나 대중과의 친밀도가 높아 상품화에 유리하다는 것이다. 캐릭터의 사용 효과는 다음과 같이 4가지로 요약할 수 있다.

　첫째, 커뮤니케이션 효과다. 상품을 출시할 때 딱딱한 문장이나 그림으로 표현된 설명보다 캐릭터를 활용한 디자인이 더 친근감을 주고 쉽게 눈에 띈다.

　둘째, 시장 확대 효과다. 상품에 캐릭터가 적용되면 이는 고객에게 캐릭터 상품으로 인식되어 판매영역이 넓어진다.

　셋째, 상품 유지 효과다. 주로 저관여 상품으로 분류되는 캐릭터 상품 은 다른 제품과 구분되는 차별화 요소가 있을 경우 고객에게 특별하게 인식될 확률이 높아진다.

　넷째, 판매증대 효과다. 인지도에 의해 캐릭터를 적용한 상품은 매출액의 증대에 영향을 미친다. 캐릭터가 가진 개성, 세계관, 이미지가 상품구매에 영향을 주어 상품의 기능이나 특성보다 캐릭터 자체를 중요시하는 소비패턴을 낳을 수 있다.

한국콘텐츠진흥원의 조사결과에 따르면 캐릭터를 보유한 지자체는 2017년을 기준으로 전국 242곳 중 214곳에 이른다. 한국은 지난 1995년 지방자치제도 실시 이후 각 지자체가 지역 경쟁력 제고를 위한 노력의 일환으로 지역을 대표하는 캐릭터 역시 중요하게 다루어지기 시작했다. 지자체의 캐릭터는 지역의 브랜드 정체성을 구성하는 요소로서 개발된다. 즉, 지역의 심벌마크나 슬로건 등을 도와주는 부가적 요소로 활용되는 것이 대부분이다. 지자체 캐릭터는 지역을 홍보하는 캐릭터이기 때문에 지역의 대표 특산품이나 신화, 유명한 동물이 캐릭터가 되는 경우가 많다. 지역의 행사, 캠페인, 지역 활성화, 특산물의 소개 등 지역의 PR, 기업 및 단체의 CI/BI 등에 사용되는데, 일본의 경우 지자체 캐릭터마다 정체성과 프로필이 있고 별도의 웹사이트나 SNS 채널을 가진 캐릭터도 있다. 팬들에게 수많은 선물을 받을 정도로 인기 있는 캐릭터도 생겨나 지역 마스코트를 넘어 방송 출연 등 영역을 확대하며 많은 활동을 하고 있다.

지자체의 캐릭터는 지역에 대한 호감도를 상승시키고 친근감을 주어 지역의 문화적, 경제적 발전을 도모할 목적으로 개발한 지역의 아이콘 역할을 한다. 지자체 캐릭터의 기능은 다음과 같이 6가지로 정리할 수 있다.

• 1) 지역 이미지 전달

지역 고유의 유·무형자원을 활용하여 개성 있고 독특한 이미지를 개발함으로써 타지역과의 차별성을 확보한다. 또한 지역의 이미지와 부합하는 캐릭터는 해당 지역의 이미지를 전달하는 기능을 한다.

• 2) 지역 주민의 애향심 제고

지역 주민의 입장에서 지역을 대표하는 캐릭터는 실제 살고 있는 지역에 대한 애착과 애향심을 심어주며, 지역민의 정서와 지지를 통합할 수 있는 계기를 제공한다.

• 3) 지역의 홍보

지역 이미지를 대표하는 상징물로서 캐릭터는 지역을 방문하는 관광객이나 외국인에게 위화감 없이 흥미를 유발하고 친근하게 느끼게 하며 지역을 홍보하는 기능을 한다. 또한 캐릭터를 통해 지역의 인지효과를 유발할 수 있어 재방문 의도를 높일 수 있게 한다.

• 4) 지역 주민과 지자체 간 소통창구 역할

지자체 캐릭터는 지역 주민과 지자체 간 거리감을 좁혀주고 소통창구 역할을 하여 행정업무의 효율성을 돕는다. 즉, 거버넌스의 복합성을 단순화시켜 상호 간의 의사소통을 원활하게 한다.

• 5) 지역경제 활성화

캐릭터를 활용한 지역 특산품 판매를 비롯하여 지역 축제, 이벤트 등 행사를 통해 주민과 관광객의 구매와 참여를 이끌고 지역경제 활성화를 유도하여 매출 증대의 효과를 기대할 수 있다.

· 6) 우호적 이미지 향상

지자체 캐릭터는 무엇보다 지역에 대한 인지도와 호감도를 상승시키는 효과가 있다. 지역을 방문하여 접하는 캐릭터가 수용자의 기억 속에 좋은 이미지로 남게 되면 지역에 대한 긍정적인 감정으로 연결된다.

일본 구마모토현 쿠마몬

··· 저작권 무료 개방으로 상품 판매에 활용되는 쿠마몬 캐릭터

· 캐릭터 도입 배경

구마모토현은 일본 큐슈지방의 중앙에 위치하며 2011년 큐슈신칸센 전 노선 개통을 앞두고 통과지가 되면서 관광객이 들어오지 않을 수

있다는 우려를 갖고 있었다. 이에 구마모토현은 2010년부터 관광객 유치를 목적으로 '구마모토 서프라이즈' 캠페인을 진행했다. '구마모토 서프라이즈'는 큐슈신칸센 전 노선 개통에 맞추어 구마모토현 주민들이 생활 주변에 있는 놀랄 만하고 가치 있는 것을 재발견하고 그것을 더 많은 사람들에게 알리자는 관광부흥 캠페인이다. 캠페인의 시작에 앞서 디자이너인 미즈노 마나부의 아이디어로 캐릭터가 제작되었는데 그것이 바로 쿠마몬이었다. 쿠마몬은 구마모토 사투리로 구마모토 사람을 의미한다. 쿠마몬의 쿠마는 곰을 의미하며 쿠마몬은 곰과 구마모토현의 대표적 관광지인 구마모토성을 모티브로 만들어졌다. 다양한 캠페인 활동을 통해 인지도를 얻게 된 쿠마몬은 2011년 일본 지자체 및 기업 캐릭터의 순위를 정하는 유루캬라 그랑프리에서 1위에 선정되어 인지도와 인기가 전국에 급속히 확산되었다. 저작권을 무료로 개방해 구마모토현 특산품과 각종 상품에 활용되면서 현재 쿠마몬은 구마모토현을 상징하는 아이콘이자 글로벌브랜드로 한국, 대만, 홍콩 등 해외에서도 존재감을 드러내고 있다. 쿠마몬의 생년월일은 큐슈신칸센이 개통한 3월 12일이다. 독특한 점은 성별은 수컷이 아닌 남자아이라고 의인화되어 있다. 성격은 응석둥이면서 호기심이 많다. 이러한 성격은 쿠마몬의 실제 행동에서도 확인할 수 있다. 이외에도 쿠마몬은 캐릭터임에도 불구하고 공무원이라는 공식 직업으로 영업부장 겸 행복부장이라는 직책을 갖고 있다. 지사와 부지사 다음으로 높은 자리다. 쿠마몬은 종종 장난을 치기도 하는데 순수하고 자신의 감정을 꾸밈없이 표현한다. 모성, 친구, 감동, 서프라이즈 등의 특징이 쿠마몬을 사람들과 연결하는 매개체 역할을 한다. 쿠마몬은 자신의 콘셉트인 '서프라이즈'를 위해 항상 열심히 일하고 도전하는 모습을 통해 감동을 선사하는 존재로서 인식되면서 사람들에게 구마모토를 자랑스럽게 느끼게 되는 지역문화가 생긴다.

• 커뮤니케이션 전략

쿠마모토현은 PR 초기 단계부터 트위터, 블로그, 페이스북 등 SNS를 적극적으로 활용해 양방향 커뮤니케이션을 전개했다. 특히 스토리텔링과 미디어믹스를 통한 커뮤니케이션을 성공적으로 이끌었다. 예를 들어, 쿠마몬은 탄생 초기에 규슈 신칸센 개통과 맞물려 이용객 유치를 위해 최종 종착역인 오사카역을 중심으로 PR 활동을 진행했다. 당시 오사카 출장 중이라는 설정을 가졌던 쿠마몬은 구마모토의 PR 캐릭터인 것을 일부러 숨기고 오사카 곳곳에 등장했다. 이 때문에 사람들 사이에서 쿠마몬에 대해 궁금증을 자아내고 이슈화하여 쿠마몬에 대한 사람들의 관심을 고조시켰다. 이와 함께 SNS에서는 갑작스레 나타나는 쿠마몬을 목격한 팔로워들과 온라인 커뮤니케이션 함으로써 입소문에 의한 이슈나 활동일지를 쓴 블로그로의 유입을 유도했다. 그 후 쿠마몬은 가바시마 지사로부터 '구마모토 서프라이즈 특명 전권대사'로 임명되었다. 기승전결을 갖춘 쿠마몬의 스토리텔링은 화제성 때문에 신문, 라디오, TV, 온라인 등 미디어로의 노출이 급속히 증가했다. 이러한 스토리텔링 전략은 사람들에게 재미를 주고 쿠마몬이 살아 있는 존재로서 인식하는 계기가 되었다.

쿠마몬은 SNS 콘텐츠에서 어미에 '~쿠마', '~몬'이라고 붙이고 말한다. 이는 마치 친구에게 말하듯 자연스럽고 친근한 느낌을 준다. 쿠마몬은 구마모토에 관련된 이벤트와 행사에 적극적으로 참여하고 지역

내 유치원과 양로원 등 복지시설도 자주 방문한다. 구마모토와 관련된 이벤트 참가는 구마모토 아이콘으로서의 역할을 더욱 강화시킨다. 또 많은 인기를 가진 지금은 쿠마몬이 있는 곳에 사람들이 몰리기 때문에 집객 효과가 크다. 특히 쿠마몬은 사람들과의 대면 커뮤니케이션을 중요시한다. 사소한 행동이지만 친근한 행동 하나하나가 사람들의 마음속에 깊은 인상을 주고 이러한 경험이 쌓여 사람들과 쿠마몬과의 유대관계는 더욱 두터워진다. 쿠마모토현은 2013년 7월 구마모토 시내에 쿠마몬스퀘어를 오픈했다. 쿠마몬스퀘어는 쿠마몬의 활동의 총 본산으로 쿠마몬의 인기를 활용해 구마모토의 관광, 특산품 정보를 공유하는 장소다. 쿠마몬스퀘어에는 하루에 한 번 정해진 시간에 실제 쿠마몬이 등장하고 만날 수 있다. 정확한 스케줄은 웹사이트에서 확인할 수 있고 한 달 평균 20일은 쿠마몬스퀘어를 방문한다.

쿠마몬스퀘어는 크게 4개의 공간으로 구성되어 있다.

첫째는 교류 공간이다. 쿠마몬은 등장과 동시에 이곳에서 방문객들과 교류한다. 이 공간에는 화면이 설치되어 있는데 화면에서는 쿠마몬이 여러 장소에서 쿠마몬 체조를 한 영상이 상영된다.

둘째는 공식 기념품 판매 공간으로 쿠마몬스퀘어에서만 구매할 수 있는 쿠마몬 관련 공식 상품이 판매되고 있다.

셋째는 가볍게 식사를 할 수 있는 공간이며 구마모토의 특산물을 활용한 디저트와 음료를 맛볼 수 있다.

넷째는 쿠마몬의 업무공간이라고 할 수 있는 영업부장실이다. 이곳에 쿠마몬의 업무데스크와 함께 지금까지 받은 표창장, 사진 등이 전시되어 있다. 쿠마몬스퀘어는 구마모토 시내의 중심부에 위치해 주요 관광지인 구마모토성과도 인접하기 때문에 관광코스의 하나로 뽑힌다.

시각, 청각, 미각 등 오감을 활용하여 쿠마몬이라는 캐릭터를 충분히
경험할 수 있는 장으로서 기능하고 있다.

베를린 버디베어

©Pixabay, 베를린 시내에 설치된 버디베어 조형물

· 캐릭터 도입 배경

　독일의 수도 베를린은 약 340만 명의 인구가 거주하는 독일 최대도
시다. 독일은 오랜 역사를 거치며 지방분권제가 정착되어 각 주와 도
시마다 깃발과 상징 문장이 있다. 현재 베를린의 상징이 된 버디베어
는 베를린의 역사와 관계가 깊다. 베를린이라는 이름 자체가 어린 곰
에서 유래했는데 먼 옛날 한 사냥꾼이 베를린을 남북으로 가르는 슈프
레강의 섬에서 새끼곰을 만나 베를라인Baerlein이라고 불렀다는 전설이
전해진다. 이런 전설에 의해 베를린의 상징이 곰이 되었다. 베를린이라

는 도시 이름은 '물가의 마른 땅'을 뜻하는 슬라브어에서 유래되었는데 베를린의 철자와 발음이 새끼곰과 연관지어졌고 오늘날 베를린에 가면 흔히 볼 수 있는 것이 곰 동상, 캐릭터, 조각 등이다. 그중에서 가장 유명한 것이 바로 귀엽고 돋보이는 버디베어 동상들이다. 베를린은 대체로 회색, 직선의 경직된 느낌의 건축물들이 많은데 베를린의 기차역과 중심가 어디에서나 마주치게 되는 버디베어들의 둥글고 유머러스한 모양과 화려한 색깔이 도시에 활력을 불어넣는다. 베를린의 도시 문장에 들어가 있던 곰이 도시의 상징 이미지로 본격 활용되기 시작한 것은 2001년부터이고 독일 통일을 계기로 예술가인 클라우스 헤어리츠 박사 부부가 거리예술 행사로 버디베어를 활용한 것이 시초가 되었다. 2001년 6월 우정과 희망의 의미를 담아 시내 곳곳에 4가지 형태의 조형물 100여 개를 설치했다. 2002년부터는 각국의 문화, 종교 간의 관용과 이해 증진을 목적으로 전 세계 138개국의 작가들이 다양한 형태로 디자인한 곰 조형물을 만들어 전 세계 주요도시에서 전시하는 유나이티드 버디베어United Buddy Bear 행사가 개최되고 있다. 한국에서는 2005년 10월 서울 올림픽공원 평화의 광장에서 진행되었으며 140여 개의 버디베어 조형물 가운데 남북한의 버디베어가 평화롭게 나란히 서있는 모습도 선보였다. 버디베어는 독일인의 지혜로움과 우직한 성향이 반영된 도시의 아이콘으로 도시브랜딩의 첨병 역할을 하고 있다. 분단의 아픈 역사를 지닌 도시가 아닌 평화의 상징이자 고유의 문화를 가진 도시로서 포지셔닝 하고 있다. 또한 도시 곳곳에 서로 다른 모습의 다양한 버디베어 조형물을 설치해 시민과 관광객들에게 즐거움을 선사하고 있다. 한편, 해마다 2월에 개최되는 세계 3대 영화제 중 하나인 베를린 영화제가 이 도시에서 개최된다. 이 영화제의 최고 작품상의 명칭도 도시의 상징동물인 곰의 영향을 받아 황금곰상이라고 부른다.

・ 커뮤니케이션 전략

버디베어는 글로벌 전시 행사 중심의 커뮤니케이션 활동을 전개한다는 점에서 다른 지자체 캐릭터와 차별성을 갖고 있다. 전 세계 주요 도시 순회 전시를 통해 버디베어가 가진 전 세계 모든 국가의 다른 문화와 종교 간의 관용, 이해, 신뢰에 대한 의미와 가치를 알림으로써 베를린 자체를 브랜딩한다는 것이다. 공식 SNS 채널에 지자체 캐릭터를 활용하는 일반적인 도시들과 달리 버디베어 자체의 브랜딩에 주력하고 있다.

웹사이트(www.buddy-bear.com)를 메인 플랫폼으로 버디베어에 대한 각종 정보를 제공하는데 유나이티드 버디베어 행사를 비롯한 이벤트 프로모션 정보, 베를린 시내에 위치한 버디베어 설치장소 정보를 알 수 있을 뿐만 아니라 온라인 쇼핑 카테고리를 통해 기념품 구입이 가능하다. 또한 월 1회 뉴스레터를 제작해 구독 희망자를 접수받아 무료로 배포한다. 웹사이트는 공공과 민간의 파트너십 단체인 유나이티드 버디베어 운영사무국에서 운영 및 관리를 맡고 있으며 온라인 홍보 역시 운영사무국을 통해 이루어지고 있다. 이벤트 캠페인이라는 활동을 시장경제의 원리에 따라 운영하여 그 효율성을 높이고 혁신을 유도하는 접근방식이라고 볼 수 있다. 이와 같이 유나이티드 버디베어 전시와 홍보 활동을 전개함으로써 관용과 예술의 도시로서 베를린의 정체성을 강화하는 역할을 하고 있다.

베를린시는 도시의 상징 캐릭터인 버디베어와 함께 도시 슬로건인 'Be Berlin' 캠페인에 의해 도시에 대한 긍정적 연상 이미지가 형성되고 있다. 1989년 베를린 장벽 붕괴 이후 분단에 대한 부정적 이미지를 벗기 위해 2008년 3월을 기점으로 도시를 표현할 수 있는 슬로건 아이디어를 시민들로부터 제공받아 도시 이미지를 형성하기 시작했다. 시민과 관광객이 직접 참여하여 확정된 슬로건 Be Berlin은 2008년 당시 베를린 시장을 역임한 클라우스 보버라이트 Klaus Wowereit 시장 시절 첫 캠페인을 진행했다. 공공장소에 버디베어 조형물과 함께 장소와 이용자에 따라 다양하게 표현될 수 있는 가변적인 특성을 가진 플렉서블 아이덴티티 조형물을 설치하고 해당 장소에서 베를린의 BI를 활용한 사진촬영과 SNS 공유 서비스로 시민들의 피드백을 제공받았다. 또한 유니폼과 배지를 제작하여 국제행사 봉사자, 공공기관 근무자에게 착용시켜 PR를 위한 광고매체 역할을 수행하도록 했다. 아울러 베를린만의 정체성을 나타내는 심볼을 활용한 프로모션 제품을 제작하여 관광객에게 판매하는 등 시민의 도시브랜드 인식 확대에 노력을 기울였다. 특히 시민과의 소통과 참여의 중요성을 강조한 Be Berlin은 약 180여 개의 도시 파트너들로 구성된 '베를린 파트너스'를 통해 시민공동체를 포함한 민·관 협력 브랜드를 구축해 시민과의 원활한 소통과 참여를 이끌어냈다.

고양시 고양고양이

©고양시, 고양국제꽃박람회를 홍보하는 고양고양이

· 캐릭터 도입 배경

고양시의 경우 지역 내 일산신도시의 지명도가 지자체명인 고양시보다 높고 일산신도시가 고양시에 속한 지역이라는 점을 사람들이 제대로 인지하지 못한다는 문제가 있었다. 아울러 SNS 이용이 확산되는 상황 속에서 고양시도 시정 정보와 홍보를 목적으로 페이스북 페이지를 개설했다. 이러한 상황에서 태어난 것이 고양고양이 캐릭터였다.

고양고양이라는 이름 역시 '고양시=고양고양이'라고 연상하기 쉽고 기억에 남기 쉬운 명칭이었다. 또한 SNS라는 온라인 공간에서 고양고양이 캐릭터를 시의 대표아이콘으로 내세움으로써 차별화했다. 고양시는 2011년부터 SNS 채널을 개설하여 운영했지만 단조롭고 딱딱한 이미지를 벗어나지 못하고 있었다. 그러던 중 고양시의 앞 두 글자를 따서 고양이 콘셉트를 도입해 보자는 아이디어가 나왔고 2013년부터 본격적으로 고양이를 캐릭터로 활용하여 페이스북을 운영하자 팬 수가 급격히 늘면서 인기를 얻을 수 있었다. 고양시가 캐릭터 마케팅을 시작한 이래 고양이 명칭을 사용한 콜택시 앱 '고양ⓔ택시'를 개발했고 "호수공원에 언제 올고양?", "이번 주 토요일에 함께 하고양" 등 고양이가 대화를 이끌며 속삭이는 듯한 말투로 이슈메이킹을 하고 있다. 또한 지역 커뮤니티와 지역 축제에 대형 조형물로 제작되고 공식 SNS, 정책홍보 등에도 다양하게 활용되고 있다. 특히 캐릭터의 커뮤니케이션 기능에 주목하여 시민과 관광객과의 소통 강화를 위한 캐릭터 활용에 대한 의지를 보여주었다. 또한 시장이 고양이 캐릭터 분장을 하고 행사에 참여하는 등 주도적이고 적극적인 모습을 통해 고양고양이와 고양시에 대한 브랜드 이미지 향상에 긍정적인 영향을 미쳤다.

• 커뮤니케이션 전략

고양시는 고양고양이 캐릭터를 활용한 톤앤매너를 유지하며 SNS 소통을 적극 추진했고 이를 통해 시민들과 소통의 폭을 넓혀가고 있다. 2018년 2월 개최된 평창 동계올림픽에서는 고양고양이가 평창 동계올림픽 마스코트 '수호랑'의 모습으로 분장을 하고 여자 컬링팀의 경기 모습을 패러디하는 사진이 페이스북에 올라와 화제가 되었다. 고양시청 페이스북은 고양이 캐릭터와 함께 아이돌 그룹 '여자친구'의 〈시간을 달려서〉 뮤직비디오를 패러디한 〈고양을 달려서〉, 만화 〈진격의 거인〉을 패러디한 〈진격의 고양이〉 등 유명 작품을 위트 있게 패러디한 영상들이 이슈 재생산 효과를 창출했다. 고양이 캐릭터는 이러한 인기를 바탕으로 지역 내 대표 축제인 고양 국제꽃박람회와 함께 고양시의 대표적인 브랜드가 되었다.

고양시는 시민들과의 소통창구로 웹사이트, 페이스북, 인스타그램, 유튜브, 네이버 밴드, 카카오톡 그룹 등 SNS 채널을 적극적으로 활용하고 있다. 다양한 SNS 채널에 서 고양고양이가 1인칭 시점으로 시민들의 의견과 불편사항을 전달받고 행사, 재난, 행정, 교통 등 생활과 밀접한 정보를 실시간으로 제공한다. 시민안전 서포터즈 네이버밴드, 시정홍보 핫라인 그룹 카톡방, 고양누리길 및 도서관통 카카오톡 플러스 친구 등 SNS 네트워크를 긴밀히 구축하고 콘텐츠 공유, 실시간 민원 상담 등 SNS 소통을 활성화하고 있다. 이러한 소통의 노력으로 한국인터넷소통협회가 수여하는 대한민국 인터넷 소통대상에서 5년 연속 소셜미디어 대상을 수상했다. 이외에도 SNS 기자단, 시정주민참여단, 주민참여예산제 등 시민들이 시정에 적극 참여할 수 있도록 다양한 제도를 운영하고 있다. 특히 2017년 출범한 SNS 기자단은 시민들의 눈높이에서 다양하고 객관적인 시정 정보를 전달하며 시정에 적극 참여하고 있다. 고양시는 캐릭터의 커뮤니케이션 기능에 주목하여 시민과 관광객과의 소통 강화를 위한 캐릭터 활용에 대한 의지를 보여주었다. 또한 시장 스스로 캐릭터 분장을 하고 행사에 참여하는 등 적극적인 모습을 통해 고양고양이와 고양시에 대한 브랜드 이미지 향상에 긍정적인 영향을 미쳤다. 고양시는 고양고양이를 활용한 브랜드 관광상품을 지역 내 기업과 협업하여 고양시내에서 판매하고 있다. 고양고양이의 이미지는 고양시청 웹사이트에서 무료로 사용할 수 있지만 이윤 창출을 목적으로 하는 상품에 고양고양이를 사용할 때는 일정한 사용료를 지불해야 한다. 한편, 2017년 8월 고양시에 수도권 서북부 최대 쇼핑몰 '스타필드 고양'이 오픈하면서 고양시 캐릭터를 활용한 마케팅이 주목받았다. 고양이 관련 콘텐츠가 연령과 성별을 불문하고 온라인상에서 조회 수와 관심도가 높았고, 해당 쇼핑몰이 위치한 고양시의 캐릭터가 고양고양이였기 때문에 이미지 연상 효과를 기대할 수 있었다.

울산 중구 울산큰애기

©울산광역시 중구, 큰애기하우스 전경

· 캐릭터 도입 배경

울산광역시 중구 캐릭터 울산큰애기는 2018년 11월 문화체육관광부가 주최한 제1회 우리동네 캐릭터 대상에서 지자체 부문 1위를 수상하며 지자체 캐릭터 붐을 일으켰다. 울산광역시 중구는 2017년 2월 문화체육관광부에서 2년마다 3개 지자체를 선정하는 '올해의 관광도시'에 선정되면서 관광도시로서의 홍보를 위한 전략적 필요에 의해 캐릭터를 개발하였다. 문화·관광도시로의 변모를 위해 울산큰애기 캐릭터를 활용한 캐릭터 마케팅을 이어오고 있다. 울산큰애기는 수박과 참외로 유명했던 중구의 반구동 처녀를 부르는 말로 곱고 마음씨가 좋은 울산 여성을 통칭했다. 가수 김상희 씨의 대중가요 울산큰애기가 인기를 끌면서 유명해졌다. 울산의 종가를 자부하는 중구는 2016년 8월 울산큰애기 프로젝트를 시작해 2017년 1월, 14개의 오브제를 시내 곳곳에 설치한 것을 시작으로 쇼룸인 '큰애기하우스'를 만들고 다양한 관광상품도 개발했다. 2018년에는 본격적인 디자인 개발에 들어가 다양하게 활용하고 있으며 미술을 활용한 예술관광 사업도 추진하고 있다. 캐릭터 모형에 그치지 않고 쿠마몬과 마찬가지로 2017년부터 울산시 중구의 9급 공무원으로 인격도 부여하고 있다. 노래와 율동도 만들고 울산연극협회의 참여로 뮤지컬을 제작해 공연하는 등 오프라인상에서의 활용도를 높이고 있다. '국내 최초 생계형 캐릭터'라고 소개하는 점이 독특한데 실제로 지역의 행사마다 인형탈이 찾아와 특유의 친근함으로 어린이들에게 많은 인기를 얻고 있다.

· 커뮤니케이션 전략

울산큰애기는 오프라인에서 나타난 행동과 성격들이 인스타그램 등 SNS 채널에 그대로 노출되어 일관된 캐릭터 성격을 유지하고 있으며 울산큰애기만의 귀여움과 수줍음, 특유의 위트와 행동, 센스 있는 문구 등을 적극적으로 활용하고 있다. 타 지자체와 다른 장점은 큰애기하우스라는 쇼룸이 있다는 것이다. 다른 캐릭터와 달리 성격이 드러나는 자신만의 공간이 있고, 그 공간은 관광안내소로 운영되어 캐릭터 홍보와 도시 홍보의 공간 기능을 복합적으로 활용하며 시너지 효과를 일으키고 있다. 온라인에서 확인한 내용을 큰애기하우스라는 오프라인 장소에서 다시 확인함으로써 공감하고 현실적 만족감을 충족시켜 준다.

울산광역시 중구의 홍보 방법은 다양한 방식으로 진화하고 있다. 울산큰애기 SNS 서포터즈를 발족해 홍보의 수요자가 공급자의 지위로서 역할을 하며 캐릭터 라이선스를 민간에 개방해 굿즈 산업을 통한 경제적 이익 창출을 도모하고 있다. 울산큰애기를 활용한 관광기념품은 관광안내소를 벗어나 관내 면세점에서도 입점되어 영역이 확대되고 있다. 이러한 활동이 수용자와 지자체 간 지속 가능한 관계 유지와 확장을 돕고 있다.

많은 지자체가 공급자로서 정보를 친절하고 상세히 소개하기만 하는 반면, 울산광역시 중구는 캐릭터를 활용하여 재미와 놀이에 동참하는 시대를 스스로 만들어가고 있다. 캐릭터가 스스로 화자가 되어 시민들에게 알리는 메시지는 공감과 재미를 느끼게 하고 젊은 층을 중심으로 자연스럽게 회자된다. 재미있어 보이는 얼굴로 초대해 서로 소통하고 재미있어 하는 커뮤니티가 형성되면 다음 소식이 궁금한 팬들이 생기는 현상을 만들어냈다. 일반적으로 지자체 캐릭터들이 주요 행사나 축제 때 잠시 등장하는 것과는 달리 울산큰애기는 실제 사람처럼 SNS를 통해 주민과 적극적으로 대화하고 피드백을 한다. 노래, 뮤직비디오, 버스킹 공연, 큰애기하우스와 면세점 내 기념품 판매 등 다양한 형태로 지역 홍보의 전면에 나서고 있다. 이를 통해 '2019 올해의 관광도시' 중구를 알리는 역할을 수행하고 있다. 한편, 2018년 10월부터 12월까지 3개월간 매주 목요일 울산큰애기 웹툰을 연재했다. 이 웹툰은 울산큰애기의 어릴 적 단짝친구인 삼돌이와의 로맨스가 위트가 섞인 스토리로 10대 후반에서 30대 여성을 주요 타깃으로 제작되었다. 울산 토박이 아가씨이자 중구청 문화관광과 9급 공무원인 큰애기가 2019 올해의 관광도시를 준비하며 관광안내서 제작을 위해 지역의 주요 명소를 답사하는 특명을 받고 임무를 수행하는 이야기로 시작된다. 총 11차례 연재되는 이 웹툰은 큰애기 소개와 함께 원도심 이야기, 태화강과 십리대숲, 울산바위의 전설, 큰애기야시장, 똑딱길과 고복수길 등 구도심 골목, 병영성, 숯목과 동방삭 전설, 입화산과 태화연 오토캠핑장 등 지역의 역사·문화콘텐츠를 주제로 활용했다.

울산큰애기 캐릭터는 2017년 4월 런칭 이래 사회적기업과 마을기업 등에 시범 제공되어 7개 업체가 23개 품목을 만들어 판매하고 있다. 2018년 7월 상표권 등록이 완료되어 전국의 민간업체를 대상으로 울산큰애기 캐릭터 확대와 상품화를 위해 총 16개 업체, 28개 품목을 접수받았다. 심의에서 최종 선정된 캐릭터 상품은 선정된 업체의 매장에서 판매할 수 있고 상품의 성격에 따라 울산큰애기 하우스에서 위탁판매도 가능하다. 또한 캐릭터 상품에 대해 홍보 및 마케팅 지원을 받을 수 있다.

캐릭터, 어떻게 활용할까?

캐릭터 산업의 성장과 발전에 힘입어 최근에 많은 지자체들이 지역 홍보 및 지역경제 활성화를 위해 대표 캐릭터를 활용하고 있다. 필자는 도시브랜드 구성요소로서 캐릭터가 가진 커뮤니케이션 기능을 통해 지역의 브랜드가치를 제고시키는 효과적인 수단으로 활용될 수 있도록 해외에서 캐릭터 사용이 활발한 일본 구마모토현, 독일 베를린과 함께 국내 지자체 중 캐릭터 활용이 활발한 고양시, 울산광역시 중구의 캐릭터 활용 현황을 비교 분석했다. 이를 통해 제언할 수 있는 지자체 캐릭터 활용전략을 캐릭터 개성 관점과 캐릭터 운영 관점으로 구분하여 살펴보면 다음과 같다.

・ 1) 캐릭터 개성 관점

첫째, 캐릭터 정체성의 명확한 정의다. 캐릭터의 활동 목적, 성격, 존재 의의, 행동, 좋아하는 것, 싫어하는 것 등이 이에 해당한다. 캐릭터의 정체성을 구성하는 요소를 해당 지자체의 특성을 반영하여 명확하게 정의하는 것은 캐릭터의 행동을 결정하는 근거가 되고, 캐릭터의 인격 그 자체이기 때문에 지속적인 통일감 유지를 위해 매우 중요하다.

둘째, 정의된 캐릭터의 정체성을 토대로 캐릭터에 페르소나를 부여해야 한다. 외적 인격을 뜻하는 페르소나를 부여하기 위해서는 캐릭터의 특징과 요소를 흥미있는 말과 행동으로 구체화해야 한다. 수용자들과 직접 마주할 수 있는 기회를 마련하고 대화함으로써 친근한 존재로 인식되고 하나의 인격체로 자연스럽게 받아들여지게 된다.

셋째, 캐릭터를 활용한 홍보전략 수립 시 스토리텔링이 효과적이다. 캐릭터에 생동감을 불어 넣는 이것은 이른바 스토리텔링 마케팅으로 스토리를 가진 메시지의 감성적 접근과 호소가 수용자들로 하여금 깊은 인상을 남기게 되고 친밀감을 느끼게 한다. 즉, 직접적인 홍보가 아니라 캐릭터를 스토리화 함으로써 감성적 가치를 제공할 수 있다.

· 2) 캐릭터 운영 관점

첫째, 효과적인 캐릭터 활용을 위해 타깃에 맞는 홍보 트렌드를 반영한 통합마케팅커뮤니케이션IMC을 전개해야 한다. 캐릭터의 메시지를 발신하는 기회로 높은 영향력을 가진 SNS를 적극 활용하면서 각 채널의 특징에 맞도록 콘텐츠를 재가공해서 메시지를 전달해야 홍보효과를 높일 수 있다. 이때 웹툰, 바이럴영상, 캐릭터송 등의 홍보기법을 반영하면 효과적이다.

둘째, 캐릭터에 페르소나를 부여하기 위해 O2O Online to Offline 방식이 효과적이다. 즉, 오프라인에서 인형탈을 활용한 마케팅 활동을 할 때 사전, 사후에 온라인 채널을 활용하면 홍보에 효과적이다. 온라인 채널을 캐릭터 홍보에 활용하고 이를 오프라인상에서 구현하면 실제 현실에서 인형탈을 접했을 때 온라인에서 조성된 관심과 기대감이 상승된다.

셋째, 캐릭터의 지속적 활용과 관리가 무엇보다 중요하다. 지자체 캐릭터는 장기적이고 꾸준한 관리가 필수적이지만 정치적 이해관계나 시간의 흐름 속에서 자연스레 역사 속으로 사라지는 경우가 많았다. 따라서 지역의 정체성과 차별화를 나타내는 수단으로 활용되기 위해서는 중장기적 관점의 지속적 활용과 관리가 필수적이다. 이와 함께 캐릭터 상품화를 위한 라이센스 관리도 병행되어야 한다. 캐릭터 상품의 활용도를 높이면 경제적 효과 창출은 물론 캐릭터가 시민들의 생활에 깊숙이 스며들어 애향심과 자부심 고취에 도움을 준다.

··· 평택역 광장에서 개최된 평택시 캐릭터 〈평택이〉 팬사인회(2019.10)

브랜딩이란 차별화라고 정의할 수 있다. 그리고 도시를 브랜딩한다는 것은 다른 도시와 차별화된 가치를 제공하는 곳으로 구축해 가는 활동이라고 할 수 있다. 따라서 지자체 캐릭터는 차별화된 거주지, 구매지, 관광지, 사업운영지로서 친근하게 접근할 수 있도록 돕는다. 또한 지역, 관광, 문화, 산업을 하나로 연결시키는 도시브랜드 구성요소로서 활용 가능하다.

국내외 지자체들은 2000년대 이후 본격적으로 지역 홍보를 위한 대중적이고 주민 친화적인 캐릭터를 제작해 각종 이벤트, 캠페인, 지역부흥, 특산물 소개 등 지역 전반의 홍보는 물론 관광산업 진흥에도 적극 활용하고 있다. 그리고 이를 통해 자체 수익을 창출하면서 지역경제에 많은 도움을 주기도 한다. 이처럼 지자체 캐릭터의 활용은 지역에 대한 호감도를 높이고 지역 정체성을 확립에 효과적이다. 지역의 새로운 가치를 창출할 수 있는 힘이 있기 때문에 지역 활성화의 핵심요소가 될 수 있는 것이다. 지자체의 캐릭터를 활용할 때에는 SNS 콘텐츠와 같이 온라인상에서 주로 활용되는데 온라인과 오프라인 구분 없이 일관성 있고 전방위적으로 활용될 때 홍보의 파급력도 높아진다. 따라서 지자체의 시정 홍보에 캐릭터를 활용할 때에는 행정기관의 지속적이고 꾸준한 관리가 요구된다. 캐릭터의 개성, 브랜드 커뮤니케이션의 통합성과 지속성이 고려되었을 때 캐릭터는 지역의 브랜드가치를 끌어올리는 효과적인 수단으로 작용하기 때문이다.

지역자원을 장소브랜딩에 활용한 양양 앞바다

©양양군. 한국 서핑의 메카가 된 양양 앞바다

강원도 양양, 속초, 강릉의 공통점은 무엇일까. 바로 여름 피서철이 되면 동해안 해수욕장 인파를 소개할 때 매스컴과 SNS에 자주 등장하는 지역이라는 점이다.

이 세 지역 중에서도 양양은 강릉과 속초의 그늘에 가려져 여름 한 철 장사가 지역 경제에 미치는 영향이 큰 지역이었다. 양양의 인구는 2019년 기준 약 2만 7,000명, 지난 20년간 강원도 18개 시·군 가운데 인구 규모 16위로 하위권을 지켜왔다. 면적은 629.32㎢로 속초의 3배에 달하지만 인구가 워낙 적다 보니 지역발전에 한계가 있었다.

그런데 최근 2~3년 사이 이 인적 드문 지역에 놀라운 변화가 생겼다. 전체 인구의 20% 이상이 65세가 넘던 초고령 동네가 2030 청춘들의 집결지로 급부상한 것이다. 민간인 통제지역으로 군사용 철조망이 처져 있던 해변은 구릿빛 피부의 서퍼들이 활보하는 해변으로 바뀌기 시작했다. 비키니 차림의 여성들이 백사장을 활보하고 젊은 남녀들이 해먹이나 비치베드에서 맥주와 수제버거를 먹는다. 밤 풍경은 '낮에 그곳이 여기가 맞나?'라는 착각이 들 정도로 180도 달라진다. 클럽 DJ의 선곡과 파도 소리가 어우러진 댄스파티의 향연이 펼쳐지면서 광란의 밤이 시작된다. 동남아의 보라카이나 발리의 해변, 스페인 이비자섬에나 등장할 법한 이색 풍경을 강원도 양양에서 만날 수 있게 된 것이다.

이처럼 양양이 동해안의 핫플레이스로 떠오른 비결은 무엇일까. 몇 가지 중요한 변곡점이 있었는데 2018년 평창 동계올림픽에 맞춰 서울-양양 간 고속도로가 개통된 것도 그중 하나이다. 서울에서 5시간가량 소요되던 거리를 교통체증이 없으면 1시간 40분 만에 도착할 수 있다. 국내 인구 절반을 차지하는 수도권 관광객들이 동해안으로 더 쉽게 유입할 수 있게 된 것이다. 그러나 단지 교통만이 비결은 아니다. 교통의 혜택은 주변 도시도 다 누리게 된 혜택이기 때문이다. 양양의 차별점은 뭐니 뭐니 해도 서핑에 있었다.

©서피비치, 애프터파티

양양의 해변을 서핑의 성지로 만든 주역이자 지역의 변화를 이끈 사람은 서피비치의 박준규 대표다. 박 대표는 황량했던 군사작전 지역을 임대해 서핑 전용 해변이라는 프라이빗 비치로의 공간을 확보한 후 컨테이너 두 대로 사업을 시작했다. 그리고 서피비치는 개장 4년 만에 연간 55만 명이 찾는 양양의 랜드마크로 자리 잡았다.

이와 같이 철조망이 쳐진 깡촌에서 서핑의 성지로 탈바꿈한 원동력은 도시생활에 지친 사람들이 일상에서 경험하지 못하는 새로움을 제공한 것이었다. 서피비치는 사업 초기부터 민간기업과의 협업에 적극적이었다. '코로나 선셋Corona Sunset' 브랜드 홍보를 위해 전 세계 유명 해변을 선정해 프로모션을 진행하던 코로나 맥주에 3년간 공을 들여 2017년 국내에서 처음으로 개최된 코로나 선셋 페스티벌을 개최했다. 이 행사는 서피비치가 알려지며 급성장하는 계기가 되었고 인스타그램에서 해시태그를 검색하면 서퍼비치에서 코로나 맥주병을 든 사람들의 인증샷이 넘쳐난다. 유럽의 해변에서 보던 세계적인 축제가 국내에서 열린다는 사실만으로 핫이슈가 되었고, 2017년 8월 마지막 주 열린 이 행사에 1만명이 넘는 참가자가 몰렸다. 이후 코로나 선셋 페스티벌이 열린 장소라는 입소문이 빠르게 퍼지면서 더 많은 인파가 몰려들었고, 서피비치는 해변 파티의 메카로 되었다. 2019년 한 해동안 서피비치에서 촬영한 TV CF만 18편에 달한다. 다양한 브랜드와의 광고 제휴로 인한 매출은 2015년 개장 이후 매년 3배씩 늘고 있다. 2018년 남북정상회담 당시 방한한 외신 기자들이 "남북 대립의 상징인 철조망이 쳐진 곳에서 서핑하는 곳이 있다"며 단체로 찾아온 적이 있었는데 그곳이 바로 양양이었다. 그들 모두 아름다운 해변에 감탄하고 갔을 정도로 양양의 바다는 깨끗하고 세계적인 경쟁력을 가진 해변이다.

서피비치의 성공에는 관광 잠재력이 높은 지역의 핵심자원 즉, 양양의 바다를 2030 세대가 즐기는 서핑 문화와 결합시킨 것이 유효했다. 트렌드를 이끄는 젊은층이 모이면 아무도 관심을 두지 않던 지역에도 획기적인 변화를 기대할 수 있음을 증명한 것이다. 또한 해외에는 있지만 국내에는 없었던 서핑의 천국을 만들기 위해 민간 차원에서 주도한 점이 특징이다. 지친 일상의 쉼표를 주는 바다를 만들겠다는 포부로 도시에서 결코 경험할 수 없는 콘텐츠와 플랫폼을 만들자 수도권을 중심으로 전국 각지의 서핑족이 모여들었다. 이렇게 판이 점점 커지면서 민간 영역에서 시작된 장소브랜드의 힘은 공공 영역의 지원을 이끌어냈다.

양양군은 2016년 하반기부터 양양군이 서핑마니아로부터 큰 인기를 얻고 있는 죽도해변을 중심으로 대한민국 대표 서프시티 Surf City 육성에 나섰다. 양양을 대한민국 제1의 서프시티로 집중 육성하기 위해 해양레저활동 활성화 사업의 일환으로 조성한 해양종합레포츠센터를 활용해 서핑체험을 활성화시켰다. 2017년 봄부터 양양군 서핑연합회의 재능기부를 통해 초·중·고 학생을 대상으로 방과 후 수업을 진행하는 한편 지역 주민을 위한 무료 서핑이벤트와 세미나, 주민상생프로그램 등을 운영해 건물 활용도를 높여가고 있다. 또한 죽도와 동산, 남애 1리, 갯마을, 동호해변 등 서핑업체가 모여 있는 5개 해변의 주요 지점에 웹캠을 설치해 온라인 서핑 커뮤니티에 생중계했다. 전국의 서핑마니아들이 커뮤니티 사이트를 통해 양양 해변의 기상정보와 함께 서핑 스팟을 실시간으로 확인할 수 있도록 했다. 죽도해변 일원에서는 2017년 여름부터 바다를 테마로 영화, 서핑, 플리마켓, 환경보호 캠페인 등 다양한 문화콘텐츠가 어우러진 그랑블루 페스티벌이 운영되면서 '서핑=양양'이라는 장소브랜드 만들기에 일조하고 있다.

박상희 경희대 시각디자인학과 교수

: 인천 도시브랜딩의 성공비결

인천시는 비즈니스 분야의 오스카상이라 불리는 세계 최고 권위의 인터내셔널 비즈니스 어워드[IBA]에서 2년 연속(2019~2020) 최고상인 금상을 수상했다. 이러한 쾌거를 이뤄낸 것은 인천시 브랜드전략팀장으로 프로젝트를 기획한 박상희 경희대 시각디자인학과 교수의 역할이 컸다. 10년 넘게 애경산업㈜ 디자인센터에 근무했고 2015년에는 국가브랜드개발추진단 사무국장으로 일하며 '대한민국, 우리들의 이야기(KOREA, Our Stories)'를 기획·진행했다.

Q1 도시브랜딩은 기업브랜딩과 어떤 공통점과 차이점이 있나요?

도시브랜딩의 내부 고객은 시민이고, 외부 고객은 관광객과 투자자다. 도시브랜딩의 목적은 내부 고객에게는 살고 싶은 도시가 되는 것이고 외부 고객에게는 방문하고 싶고, 투자하고 싶은 도시로 만드는 것이다. 더불어 그 도시에서 생산되는 것들을 믿고 살 수 있게 만드는 도시 경쟁력을 갖추는 것이다. 기업브랜딩의 내부 고객은 임직원이고 외부 고객은 소비자와 사용자다. 내부 고객에게는 열정을 갖고 몰입할 수 있는 기업이 되는 것이고 외부 고객에게는 신뢰받는 기업, 투자하고 싶은 기업, 그 기업에서 나오는 제품을 사고 싶게 만드는 것이다. 도시브랜딩과 기업브랜딩의 공통점은 내부 고객에게는 자긍심을 심어주고, 외부 고객에게는 다른 브랜드와의 차별성을 만들고 경쟁력을 확보하는 것이다.

한 가지 더 생각해 볼 것은 공공성과 상업성이다. 도시브랜딩은 공공성 회복과 사회적 가치 실현이 목적이고, 기업브랜딩은 상업적 성공이 목적이다. 하지만, 차츰 그 경계가 모호해지고 있다. 브랜딩의 대상이 국가, 도시, 기업, 제품, 서비스 혹은 개인 등 다양하지만 중요한 것은 우리가 그 대상을 브랜딩함으로써 어떤 사회적 책임감을 갖고 임할 것인지 생각한다는 것이다. 담당자가 인간의 삶의 질을 향상시키고, 더불어 사회적 책임감까지 시각을 확장시킨다면 그 브랜드는 기업, 도시를 넘어 지속가능한 생태계를 만들어 낼 확률이 높아진다.

Q2 인천시에서 브랜드전략팀장으로 일하며 인상 깊었던 경험은 무엇인가요?

전문가들의 눈에 비친 인천의 잠재력은 남달랐다. 이미지가 아이덴티티를 따라가지 못하는, 외부 소통이 부족한 상황이었다. 도시의 다양성이 대립하는 부정적 요소가 아니라, 대조적으로 충돌하며 역동성을 만들어내는 젊은 도시임을 알리는 소통 전략이 필요했다. 그렇게 만들어진 게 '상반된 매력, 공존의 도시, 인천'이라는 슬로건이다. 그 전략이 적중했고, 2019년 IBA 최고상을 수상하는 쾌거를 낳았다. 시정 홍보영상에는 인천의 다양한 유산부터 소통을 통한 혁신, 미래를 준비하는 인천의 가치를 담아내야 했다. 한결같은 마음으로 전통을 이어가고, 공간에 새로운 숨결을 불어넣으며 소통으로 혁신의 물결을 일으켜 미래와 연결한다는 전략이었다. 이렇게 만들어진 것이 '인천 Wave'였다. 이 영상은 2020년 IBA 금상을 수상했다. 단순히 도시브랜드 TVCF 영상이나 시정 홍보영상을 잘 만들어서 상을 받은 게 아니다. 인천이라는 도시의 가치에 대한 깊이 있는 고민과 이를 명확한 콘셉트로 만들어 낸 것이다. 이러한 성과는 제대로 된 협업이 있었기에 가능했다. '잇고 있다'는 의미의 '인천e음'도 다양한 가치가 연결될 수 있는 잘된 브랜드여서 확대해야 한다는 입장이었고 그 가치가 빛을 발하고 있다.

Q3 외국에 비해 우리나라 도시브랜딩의 수준은 어떤가요?

도시마다 편차가 심하다. 도시브랜딩 활동과 시정 홍보를 구분하고 제대로 브랜딩 활동을 하고 있는 도시도 있고, 관광객 유치만을 목적으로 마을 전체를 하나의 색으로 칠하고 있는 안타까운 도시도 있다. 외국과 비교하기보다는 도시브랜딩과 관련해 하고 싶은 이야기가 있다. '영혼Anima'을 불어넣어야 한다. 도시브랜드가 획일화되고 있다. 각 도시가 가진 역사성과 고유성을 기반으로 브랜딩 돼야 하는데, 어느 도시의 슬로건이나 로고타입 등 브랜드가 잘 됐다고 하면 다들 비슷한 옷을 입으려고 한다. 차별화된 도시 정체성이 필요하다. 어벤져스가 필요하다. 도시브랜딩은 다양한 분야의 협업으로 이뤄진다. 도시브랜드 슬로건 혹은 로고만 잘 만들었다고 성공하는 것이 아니다. 일본에는 '에끼벤駅弁'이 있다. 신칸센을 타고 각 역에 도착하면 그 지역 특산물로 만들어진 도시락을 맛볼 수 있다. 에키벤은 700종이 넘는다. 20여 년 동안 5,000개 이상의 에키벤을 맛 본 저널리스트가 존재한다. 여행프로그램까지 있다. 이게 브랜딩이다. 도시락 하나를 만들어도 지역, 교통, 농·수산업, 디자인 등이 함께 협업한다. 도시브랜드의 핵심가치를 어떻게 적용할지 내부브랜딩이 매우 중요하다. 도시를 도시 그대로 놓아두는 용기도 필요하다. '제발 아무것도 하지 말라'는 이야기가 나올 때도 있다. 명소화를 하기 위해서 몸에 맞지 않는 옷을 입히려고 할 때 가장 안타깝다. 우리나라 도시브랜드는 유효기간이 5년이라는 이야기도 나온다. 중앙·지방 정부가 바뀔 때마다 새로 바뀐다는 이야기다. 그런 면에서 인천은 도시브랜드 슬로건은 유지하면서 적절한 마케팅 활동 변화를 통해 도시브랜드를 잘 유지 발전시키고 있다.

* 인터뷰 내용은 저작권자의 동의를 받아 오마이뉴스의 기사(세계가 주목한 인천의 도시브랜딩, 그 성공비결은 / 2020.10.17.)에서 발췌하였음.

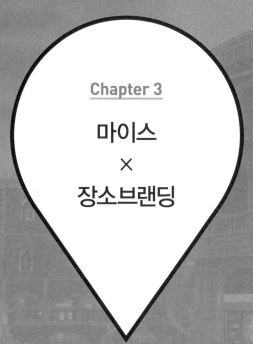

Chapter 3

마이스
×
장소브랜딩

01

지역을 살리는
마이스 산업

얼마 전 언론에서 코엑스~잠실 일대가 상전벽해 격으로 탈바꿈된다는 뉴스가 화제가 되었다. 서울국제교류복합지구 SID 로 명명된 이 사업은 서울시가 코엑스, 현대자동차 본사가 들어설 글로벌비즈니스센터 GBC, 잠실종합운동장으로 이어지는 166만㎡ 부지에 컨벤션·전시, 국제 비즈니스, 스포츠, 엔터테인먼트와 친수공간을 연계한 마이스 거점을 조성하는 대규모 사업이다. 2010년대 초 코엑스 일대의 주요 공공기관들이 이전하면서 부지들이 기업에 매각되었고, 이러한 흐름 속에서 서울시는 '서울 미래 100년 도시계획의 기반 마련'과 '2030 서울플랜'을 수립한다.했다. 그리고 이러한 일련의 계획안에서 이 지역을 고부가가치를 지닌 미래 성장 산업으로 각광받는 마이스 산업에 특화된 지구를 만들기로 결정한 것 이다.

이처럼 국가 전략산업으로 육성에 공을 들이는 마이스 산업은 Meeting(기업회의), Incentive Tour(포상관광), Convention(국제회의), Exhibition(전시) 또는 Events(이벤트)의 약자다. 즉, 마이스 산업은 대규모 회의장과 전시장 등의 전문시설을 갖추고 마이스 행사를 유치해 경제적 이익을 창출하는 산업이다. 국내에서는 2009년 17대 국가 신성장 동력 중 하나로 마이스 산업이 지정된 이후 국가 전략산업으로 육성·지원하면서 2019년 국제협회연합UIA 기준 국제회의 개최건수가 1,113건으로 세계 2위를 달성했다. 마이스 산업에 있어 참가자들의 마이스 행사 외 활동도 지속적으로 증가하고 있다. 이러한 점에서 마이스 산업은 다양한 전후방산업에 대한 포괄적 부가가치를 창출하는 소위 황금 알을 낳는 산업이다. 숙박, 교통, 관광, 쇼핑, 레저, 엔터테인먼트, 식음료 분야에서 나아가 정보통신, 인쇄출판, 광고, 건축, 금융, 교육, 의료 등 다양한 분야의 산업이 연계되어 함께 발전을 꾀할 수 있다. 최근 마이스 산업의 각 영역은 단순히 국제회의, 전시회만 개최하는 것이 아니라 포상관광, 엔터테인먼트 등이 결합되어 복합적으로 기능하며 파급력을 확대하고 있다. 유엔세계관광기구UNWTO는 마이스 산업의 국가간 상호 비교와 호환 가능한 지표를 구성하기 위해 마이스 산업을 핵심 산업군과 확장 산업군으로 구분했다.

목표	실적
핵심 산업군 (Core Meeting Industry)	전문회의 기획업 (Specialized Meeting Organizers) 컨벤션, 콩그레스, 전시회 관련 시설업(Convention, Congress and exhibition Centers) 인센티브 기획업체 및 지역기반 서비스 제공업체(Incentive House and Destination Management Company) 컨벤션뷰로 (Convention Bureaus)
확장 산업군 (Extended Industry)	숙박업 (Accommodations) 교통서비스업 (Transportation) 기술설비업 (Technical Equipment) 식음서비스업 (Food Services) 연사중개업 (Speakers Representation Services) 부스장치업 (Stand Construction) 지원서비스업 (Other Support Services) 기타 제반서비스업 (Auxiliarly Business)

··· UNWTO의 MICE 산업의 경제활동 분류체계(2008)

과학기술정보통신부의 '2019년 인터넷 이용 실태조사'에 의하면 주요 인터넷 서비스 이용률 중 SNS 이용률은 63.8%로 모바일메신저에 이어 두 번째로 많이 이용하는 서비스였다. 급변하는 커뮤니케이션 환경 속에서 SNS는 비용 대비 효과가 큰 홍보 수단으로 활용되고 있으며 마이스 산업에서도 인터넷 및 SNS 마케팅의 영향력에 대한 인식이 확산됨에 따라 참가자를 극대화하기 위해 SNS를 중요한 홍보 수단으로 활용하고 있다. SNS 기반 마케팅이 확산되고 있는 이유는 기존 미디어와 차별화되는 특성을 지니기 때문이다. SNS는 모바일과 정보통신기술의 발달로 원하는 정보를 언제 어디서나 검색 가능하게 되면서 채널의 종류와 영향력도 확대되어 왔다. 전 국민의 인터넷 이용률은 2019년 한 해 동안 91.8%에 달하고, 주 평균 17.4시간을 사용한 것으로 조사되었다. 특히 전 연령층이 유튜브와 같은 동영상 서비스를 즐겼는데 매일 동영상을 즐겨 보는 이용자는 73.7%나 되었다. 이처럼 인터넷과 SNS는 우리의 일상에서 분리해서 생각할 수 없는 커뮤니케이션 수단으로서 사회와 개인의 생활 및 문화에 큰 영향을 주고 있다. 이와 같은 인터넷 이용 현황과 커뮤니케이션 트렌드는 마이스 산업에도 당연히 영향을 미칠 수밖에 없다.

마이스 산업은 관련분야의 사람들을 오프라인의 특정 공간과 도시로 모이게 하고 지속 가능한 관계 형성의 장으로 SNS가 활용되면서 마이스 개최도시에 대한 긍정적 이미지 형성에 기여한다. 마이스 행사의 참가자들은 정보획득과 교류, 비즈니스를 목적으로 행사에 참여하기 때문에 SNS를 통한 정보제공과 커뮤니케이션은 행사 관련 정보와 개최도시 홍보에 매우 유용하다. 그래서 행사 개최도시를 홍보하는 컨벤션뷰로와 주최자가 SNS를 통해 개최행사에 대한 홍보 활동을 전개하는 것은 물론이고 맛집, 랜드마크, 추천 관광코스 등 지역의 다양한 관광 정보도 알리며 최적의 행사개최지로서의 이미지를 각인시키는 데에 주력하고 있다.

마이스 홍보 콘텐츠 제작과 활용에 있어서는 신뢰도 높은 정보제공과 흥미로운 소재 및 스토리 발굴을 통한 마케팅 전략이 요구된다. 콘텐츠는 개발도 중요하지만 콘텐츠 간의 연결이 더 중요하기 때문에 단순히 마이스 관련 정보를 제공하는 것에 그치지 않고 먹거리, 볼거리, 즐길거리 등 해당 도시에서 경험할 수 있는 소재를 발굴해 1인 방송, 모션그래픽, 바이럴 영상 등 트렌드에 부합하는 다양한 방법으로 정보를 제공하면 해당 도시가 구축하고자 하는 이미지 형성에 도움을 줄 수 있다. 콘텐츠 신뢰성은 정보전달자의 신용과도 직결되기 때문에 정확하고 공신력 있는 정보를 제공하는 것이 매우 중요하다. SNS를 활용한 마이스 홍보에 있어 신뢰성과 오락성을 고려한 브랜드 커뮤니케이션을 실무에서 활용하면 홍보 효과를 더 높일 수 있다.

- 컨벤션뷰로(CVB)

컨벤션뷰로CVB는 'Convention & Visitors Bureau'의 약자로 다양한 마이스 행사를 유치하고 행사 주최자가 필요로 하는 서비스를 제공해 해당 도시의 마이스 행사 및 자원을 활용하여 마케팅하는 조직이다. 한국문화관광연구원2010은 컨벤션뷰로를 '회의유치 및 개최지원, 도시 홍보 및 마케팅, 컨벤션과 관광상품과의 연계를 통한 부가가치 활성화, 참가자에 대한 지원업무 등 회의산업 육성에 있어 가장 핵심적인 기능과 역할을 수행하는 도시마케팅 조직'으로 정의했다. 국내에는 2020년 12월을 기준으로 14개의 컨벤션뷰로가 활동하고 있다.

컨벤션뷰로(CVB)	SNS 채널	운영 특징
서울관광재단	블로그, 페이스북, 인스타그램	영문 SNS 채널 운영, 블로그는 MICE 서포터즈 커뮤니티로 활용
인천관광공사	블로그, 페이스북, 인스타그램, 유튜브, 카카오톡채널	국/영문 SNS 채널 별도운영
경기관광공사	페이스북, 인스타그램	국문 SNS 채널 운영
부산관광공사	블로그, 페이스북, 인스타그램, 유튜브	국/영문 SNS 채널 별도운영
대구컨밴션뷰로	페이스북	국문 SNS 채널 운영
대전마케팅공사	블로그, 페이스북, 인스타그램	국문 SNS 채널 운영
광주관광컨벤션뷰로	페이스북, 인스타그램	국문 SNS 채널 운영
제주관광공사	블로그, 페이스북, 인스타그램	국/영문 SNS 채널 별도운영
경남컨벤션뷰로	블로그, 페이스북	국문 SNS 채널 운영
강원국제회의센터	페이스북	단일 채널 내 국/영문 병기
경주화백컨벤션뷰로	블로그, 페이스북, 인스타그램	경주화백컨벤션센터와 공동운영
고양컨벤션뷰로	페이스북, 인스타그램, 링크드인	링크드인은 영문 운영
수원컨벤션뷰로	블로그, 페이스북, 카카오톡채널, 유튜브	수원컨벤션센터와 공동운영, 수원시민마이스터즈 카페 별도운영
청송마이스 관광뷰로	페이스북	—

··· 전국 컨벤션뷰로 SNS 현황(2020.12)

02

마이스가 도시를 만났을 때

마이스 산업을 통한 도시브랜드 창출

©WEF. 다보스 전경

　　TV나 인터넷을 통해서 한 번쯤 '다보스포럼'을 들어봤을 것이다. 내용은 잘 모를지라도 국내의 대기업 총수나 석학, 대통령까지 다보스 포럼에 참석했다는 이야기를 뉴스에서 듣곤 한다. 다보스포럼은 공식 명칭이 '세계경제포럼World Economic Forum'이다. 세계 각국의 리더들이 모여 각종 정보를 교환하고 세계 경제발전을 위한 의견을 공유하고 전망을 내놓으며 세계 각국에 큰 영향력을 미치고 있다. 다보스Davos는 스위스 동부에 위치한 작은 휴양지이지만 이 포럼을 개최하면서 세계적인 도시가 되었다. 다보스포럼을 하나의 브랜드로 본다면 이 브랜드의 인지도가 다보스라는 도시의 인지도와 품격까지 올렸다고 할 수 있다. 마이스 행사에 따라 해당 산업의 종사자들에게는 그 행사의 브랜드파워로 그 도시가 각인되고 있는 것이다. 도시의 브랜드 인지도를 높이는 방법은 여러 가지가 있지만 이처럼 마이스 행사의 브랜드가 도시의 브랜드로 정착되는 경향이 나타나고 있다. 행사의 브랜드만 접해도 그 도시를 연상하게 되는 것이다. 마이스가 최근에는 전 세계적으로 친환경 고부가가치 산업으로 인식되면서 투자가 활성화되고 있고 지역별로 새로운 마이스 브랜드가 생겨나고 있다.

도시브랜드를 개발한다는 것은 곧 타 도시와 비교해 차별화하는 방법이고 차별화를 통해서 도시의 경쟁력은 더 높아지게 된다. 마이스 행사를 통한 도시브랜드 창출은 해당 도시에 가장 적합한 행사를 개발함으로써 목표 달성에 가까워진다. 도시의 환경과 역사, 사회, 문화적인 자산이 마이스 행사와 결합되는 사례로 볼 수 있는데, 대표적으로 2017년부터 개최한 국제문화재산업전과 2018년부터 개최한 한옥문화박람회 개최 사례가 있다. 두 행사 모두 경주 화백컨벤션센터에서 개최되고 있는데 천년고도 경주의 역사와 문화적 특성을 행사와 연결한 대표적인 사례라 할 수가 있다. 아직 초기단계이므로 행사의 파급력이 크지 않지만 매년 문화재와 한옥 분야에 종사하는 사람들은 두 행사로 인해 경주를 많이 방문하게 되고, 문화재와 한옥 분야로 인해 경주의 브랜드파워도 커질 것으로 예상된다. 그런데 이처럼 마이스 산업을 통해 도시브랜드를 키우기 위해서는 다양한 이해관계자들의 노력이 필요하다. 지방정부의 행정적, 제도적, 재정적 지원과 함께 추진조직의 명확한 비전과 전문성, 그리고 관련 단체와 기관, 학계와 업계의 상호 협력이 뒷받침되어야 한다.

성공적인 행사개최를 통한 도시브랜딩 사례

성공적인 행사개최는 관광객 유치와 투자유치에 상당히 효과적이며 행사가 열린 도시에 대한 강력한 인상을 남길 수 있다. 행사의 규모와 성격에 따라 국내는 물론이고 해외에서도 큰 영향력을 발휘할 수 있기 때문에 시민들의 자부심을 높이고 하나로 단결시킬 수 있는 효과를 가져온다. 도시브랜딩은 마이스 행사 유치에도 매우 중요한데, 도시에 대한 좋은 이미지로 인해 도시가 매력적으로 보이면 행사를 유치할 때 우위를 선점할 수 있기 때문이다. 국제적으로 인지도 있는 도시에서 행사가 많이 개최되는 이유다. 이와 반대로 성공적인 행사개최를 기반으로 도시를 브랜딩할 수도 있다.

• CES(International Consumer Electronics Show, 세계가전전시회)

미국 라스베이거스는 카지노와 24시간 잠들지 않는 유흥의 도시로 유명했지만, 지금은 복합리조트 시설을 갖춘 세계적인 마이스 도시로 더 유명하다. 라스베이거스에서 열리는 대표적인 행사가 바로 CES다. CES는 세계 최대규모의 가전제품 박람회로 해마다 4,500개 이상의 업체가 참가하고 총 참가자수는 18만 명 이상, 해외 참가자 수도 6만 명을 훌쩍 넘는다. 매년 CES가 개최되는 시기에 라스베이거스에 머물기 위해서는 몇 개월 전부터 숙박 예약을 해야 한다. 행사 기간에는 예약이 가능할지라도 가격이 몇 배로 치솟는다. 라스베이거스로 향하는 국내외 항공권 또한 일찍 매진되기 때문에 서둘러야 한다.

• MWC(Mobile World Congress, 세계이동통신박람회)

유럽에서는 독일의 도시들이 대표적인 마이스 선진도시로 평가되지만 세계 3대 IT 박람회 개최지로 유명한 곳이 바로 스페인 바르셀로나다. 가우디의 도시, 축구클럽 FC바르셀로나의 도시로 유명한 이곳은 MWC의 도시로도 잘 알려져 있다. 세계적인 건축가 안토니 가우디가 설계한 사그라다 파밀리아 성당과 구엘공원에는 매년 수천만 명의 관광객이 유입된다. 이곳에서 열리는 MWC는 라스베이거스의 CES와 함께 대표적인 글로벌 IT 박람회로 손꼽힌다. 2019년 기준 전체참가자 11만여 명, 이 중 해외참관객이 8만 명을 넘었고 참가업체 또한 2,400개 이상이다. 바르셀로나는 유럽뿐 아니라 전 세계인들에게 최고의 관광지로 많은 사랑을 받는 도시다. 따뜻한 날씨와 시원한 바닷가, 다양한 산해진미를 맛볼 수 있는 음식까지 멋진 야경을 출장지에서 즐길 수 있기 때문에 글로벌 IT 기업들은 너나 할 것 없이 적극적으로 MWC가 열리는 바르셀로나로 가고 싶어 한다. 행사 기간에 바르셀로나시는 참가자들을 위한 무료 대중교통, 통역 서비스 등 다양한 안내 서비스를 제공하며 도시 전체가 MWC를 위한 도시로 탈바꿈한다.

국내에서도 매년 수많은 국제회의와 전시회가 개최되면서 한국과 개최도시가 자연스레 알려지게 된다. 대표적으로 2000년 ASEM 회의, 2005년 APEC 회의, 2010년 G20 회의, 2012년 핵안보 회의 등이 있다. 이 국제회의들은 도시 및 국가브랜딩에 일조했음은 물론 전 세계에 경쟁력 있는 국제회의 개최지로서 서울을 알리는 계기가 되었다. 한편 2019년 11월 부산에서 개최된 한·아세안 특별정상회의의 경우 부산연구원이 발간한 보고서에 따르면 생산유발 효과는 496억 원, 부가가치 유발 효과는 235억 원에 달한다. 반면 본 행사에 투입된 예산은 237억 원에 참가자 지출액은 38억 원이었다. 이처럼 마이스 행사개최는 눈에 보이는 경제적 효과뿐만 아니라 도시브랜드 이미지에 미치는 파급효과가 비용으로 환산할 수 없을 정도로 크다.

도시 경쟁력의 비결, 복합리조트

이처럼 세계의 여러 도시들이 마이스 행사를 도시브랜딩의 수단으로 활용하면서 컨벤션과 숙박, 쇼핑과 엔터테인먼트 등 행사 참가자가 비즈니스와 볼거리, 먹거리, 즐길거리를 한 번에 해결할 수 있는 복합리조트가 주목받고 있다. 싱가포르의 마리나베이 샌즈는 싱가포르의 랜드마크로서 자리 잡았고 싱가포르 마이스의 핵심을 담당하고 있다. 라스베이거스의 벨라지오 호텔 역시 라스베이거스를 상징하는 랜드마크 중 하나이고 마카오의 베네시안 마카오 등 여러 호텔들도 단순한 숙박의 기능을 넘어 마이스 행사 목적지와 지역의 핵심 관광자원으로 자리 잡고 있다. 한국에서는 인천 영종도의 파라다이스시티와 제주에 있는 신화월드가 대표적인 예로, 숙박, 컨벤션, 카지노, 테마파크 등을 모두 갖춘 복합리조트로 지역의 마이스 산업 발전에 크게 기여하고 있다.

파라다이스시티 외에도 인천 영종도는 인스파이어 리조트, 시저스코리아 등 복합리조트 건설이 계획되면서 동북아시아의 마이스 허브로 주목받고 있다. 복합리조트들은 지출 규모가 일반 관광객보다 큰 마이스 관광객을 유치해 참가자들이 가능한 오랫동안 체류하며 리조트 내의 카지노, 호텔, 테마파크, 공연 등 보유시설을 이용하도록 유도해 수익을 극대화하고 있다. 지출 규모가 큰 대형 행사를 유치하고, 그들이 외부에 가지 않고도 리조트 안에서 즐길 수 있는 매력적인 콘텐츠를 제공하는 것이다. 결국 방문자의 숫자보다는 체류시간을 늘리는 것이 베뉴마케팅의 핵심이라고 할 수 있다. 어떻게 베뉴의 시설과 콘텐츠를 창조해내느냐가 중요하기 때문에 국내외의 복합리조트들은 방문객이 가능한 많이 지출하며 머물 수 있도록 각종 이벤트와 프로모션, 고객 맞춤형 프로그램을 내세워 체류시간을 늘리는 데에 힘을 쏟고 있다. 최근 롯데월드타워나 스타필드, 수원컨벤션센터 역시 콘텐츠와 시설의 결합 형태를 보이는데, 이것은 모두 베뉴가 고객들의 체류시간을 늘려 수익을 극대화하기 위한 것이다. 복합리조트의 베뉴마케팅 전략은 도시가 어떻게 인식되고 싶은지에 대한 시사점을 제공한다. 도시 역시도 복합리조트와 마찬가지로 방문한 사람들이 가능한 한 오래 머물 수 있도록 체류시간을 늘리는 콘텐츠 개발이 필요하다. 역사적으로 도시는 끊임없이 발전하고 진화해왔다. 도시를 브랜딩하는 방법에 여러 가지가 있다. 하지만, 그중에서 마이스 행사를 통해 미래 도시의 모델을 찾는다면 해당 도시에서만 제공할 수 있는 지속 가능한 콘텐츠를 발굴하고 부각시켜 방문객들이 오랫동안 머무를 수 있는 동기부여를 제공해야 한다. 체류시간이 늘어나면 자연스레 지출도 늘어나기 때문에 마이스 행사와 도시가 지닌 유·무형의 콘텐츠가 유기적으로 연결되면 도시 간 경쟁에서 우위를 점하게 될 것이다.

마이스 홍보는 어떻게 해야 할까?

국제회의, 컨벤션, 전시회, 지역 축제, 공연 등 각종 행사를 준비하고 추진할 때는 필연적으로 홍보가 수반된다. 규모가 큰 행사에서는 기획서에 홍보계획이 포함되고 차후에 행사 홍보를 위한 실행계획을 별도로 수립하기도 한다. 일반적으로 마이스 홍보는 일반적인 CPR(기업 PR)과 MPR(마케팅 PR), 공공PR에 비해 진행 기간이 짧고 타깃이 명확하다. 따라서 짧은 기간 동안 파급력을 높이기 위해 행사의 차별화를 위한 콘셉트 개발, 위기관리, 타깃 맞춤형 홍보 프로그램 추진이 필요하다. 일반적으로 진행하는 행사 홍보의 프로그램은 아래와 같다.

1) 홍보 기획

행사에 앞서 시기별 홍보 실행계획을 구체화하는 단계이다. 전략과 메시지 개발이 이때 이루어진다. 전략과 메시지는 행사의 주제를 고려해야 하고 타깃이 누구인지, 기간은 어떻게 되는지, 예산은 실현 가능한지, 어떤 콘셉트와 채널을 쓸 것인지가 종합적으로 논의되어야 한다. 이를 위해 홍보 담당자 간 충분한 논의와 함께 내부 역할 분담, 협조체계 구성도 홍보 기획단계에서 필요하다.

2) 사전 홍보

행사의 규모와 예산, 기간에 따라 차이가 있지만 사전 홍보는 행사 홍보의 전 단계에서 대부분을 차지하는 만큼 시간과 비용이 가장 많이 소요된다. 이때 어떤 프로그램을 어떻게 구성해서 실행했느냐에 따라 홍보의 성패가 좌우된다. 크게는 언론 홍보, 온라인 홍보, 광고, 이벤트 프로모션 등 4가지로 구분할 수 있다.

· 언론 홍보

언론 홍보에는 보도자료 작성 및 배포, 기획기사 게재, 미디어라운딩, 기자간담회 등이 있다. 보도자료는 일반인을 대상으로 기사화하기 위한 문서이기 때문에 일반인이 이해하기 쉽도록 작성되어야 한다. 각급 기관별로 보도자료 작성의 표준서식을 정해 놓고 사용하는 것이 일반적이며 행사를 주관하는 부서에서 작성해 통상적으로 행사개최 2~3일 전까지 홍보업무 담당 부서로 보낸다. 행사와 관련된 언론사 DB와 기자들이 있다면 기사화에 도움이 된다. 언론사를 통해 기관장, CEO 등 행사를 대표하는 VIP의 기고나 행사에 대한 심도 있는 앵글을 개발해 기획기사로 게재하기도 하고 언론사를 돌며 홍보 협조 요청을 구하는 미디어라운딩을 진행하기도 한다. 대규모 행사의 경우 기자간담회를 개최해 언론 커버리지를 사전에 높이고 관심을 고조시키는 작업이 필요하다. 신문이나 방송사, 매거진 등을 활용해 광고하는 것은 효과는 좋은 반면에 비용이 많이 들기 때문에 사안에 따라 기관장이나 중간관리자가 참석하는 특집대담 프로그램이나 지상토론회 등을 개최토록 언론사와 협의하는 것도 좋은 홍보 방법이다.

· 온라인 홍보

온라인 홍보는 변화가 빠르고 트렌드에 민감하게 반응하는 플랫폼의 특성을 반영하면 기대감을 높일 수 있다. 웹사이트의 경우 거의 모든 행사 주최자가 운영하고 있다. 따라서 SNS 채널 연동과 유관기관의 웹사이트 메인화면에 배너를 다는 방법으로 홍보를 진행하고, 지자체의 소식지나 SNS 등을 활용해 홍보 협조를 요청하면 효과적이다. 각 채널 간 콘텐츠 연동을 통해 노출범위를 넓히고 타깃이 많이 이용하는 SNS 채널을 활용해 기대감을 높일 수 있다. 블로그는 행사정보와 함께 아카이브 플랫폼 성격이 강하고, 유튜브는 영상, 페이스북과 인스타그램은 가독성과 확산성을 고려한 소통 채널로 활용하면 효과적이다. 해외 타깃을 대상으로 할 경우 세계 최대 글로벌 인맥사이트인 링크드인을 통해 높은 직급의 유저 공략이 가능하며, 국내에서는 카카오톡 플러스 친구 채널을 개설해 이벤트를 진행하고 푸쉬 메시지를 전송하기도 한다. 이러한 채널에 게재할 콘텐츠는 카드뉴스, 인포그래픽, 웹툰, 모션

그래픽, 바이럴영상 등 형식이 매우 다양하다. 하지만 예산과 적합도에 따라 일관성 있게 추진되어야 예산을 투입해 목표로 했던 성과(ROI)를 기대할 수 있다. 아울러 기대평·소문내기·퀴즈·인증샷 등 SNS 이벤트를 진행하면 노출과 버즈량이 증가해 비용 대비 효과가 높은 편이다. 이 밖에도 검색엔진최적화(SEO), 온라인 커뮤니티 바이럴, 사전 이메일(DM) 발송, 인플루언서 마케팅 등이 있는데 특히 인플루언서 마케팅은 유튜버, 인스타그래머 등 영향력 확대에 따라 최근 자주 활용하는 온라인 홍보 수단으로 자리잡고 있다.

· 광고

광고는 크게 온라인과 오프라인으로 구분된다. 먼저 온라인은 포털사이트 배너·키워드 광고, GDN 배너광고, 인터넷신문 및 전문사이트 광고, SNS 광고 등이 있고 오프라인 광고는 인쇄 광고, 옥외 광고, 방송 광고로 나뉜다. 세부적으로는 살펴보면 인쇄 광고는 신문, 매거진 광고가 주로 활용되고 옥외 광고는 건축물, 광고탑, 대중교통, 포스터 등이 있다. 행사장이나 도심에 대형 현수막을 걸거나 애드벌룬을 띄우는 방법도 있다. 옥외광고물은 광고물 관리법에 의해 사전에 허가를 받아야 하는 경우가 많아 관할 관청과 긴밀히 협의해야 하고 제작물은 전문 기획사에 맡겨야 한다. 또한 주요 장소를 선점하기 위해서는 행사 2~3개월 전부터 미리 협의하는 것이 좋다. 현수막이나 입간판의 경우에는 산하기관이나 관련 단체 등에 표준안을 보내 협조를 요청하면 비용을 들이지 않고 광고를 집행하기도 한다. 방송 광고는 전형적인 TV CF와 자막광고, 라디오 광고 등과 함께 프로그램 안에서 자연스러운 노출을 유도할 수 있는 간접광고PPL가 많이 활용된다. 광고는 그 종류와 형식이 매우 다양하므로 예산과 타깃에 따라 적재적소에 활용할 수 있는 매체를 선정해야 한다.

- 이벤트 프로모션

  G20 정상회의, 올림픽 대회와 같이 장기간 준비가 필요한 대규모 행사인 경우에는 시민 참여의식을 북돋우기 위해 D-1,000일, D-100일, D-30일 기념행사 등의 형태로 개최한다. 그리고 행사내용은 주로 체육행사나 세미나, 보고대회, 출정식 등과 같이 축제 성격의 행사로 하는 것이 좋다. 국제행사와 같이 규모가 더 큰 장기간 행사익 경우 유명 인사나 연예인 등 셀럽을 홍보대사로 위촉하는 것이 좋다. 유튜버 등 일부 인플루언서들은 유명 연예인보다도 더 인지도가 높고 더 많은 영향력을 미치기 때문에 활용도가 높아지는 추세이다. 지역 축제, 박람회 등 시민참여가 중요한 행사의 경우 도심에서 시민의 관심과 참여를 이끌어내기 위한 사전 이벤트, 언론사 기자를 초청하는 포토세션 이벤트를 마련하기도 한다. 규모가 큰 컨벤션과 전시회, 축제의 경우 행사와 관련된 각종 유관 행사에 부스 참가나 이벤트를 연계해 사전 홍보를 진행한다. 이는 관여도 높은 타깃과 접촉하면서 행사에 대한 인지도 제고와 모객募客 유치에 좋은 기회를 제공해 준다. 또한 홍보 및 이벤트를 위한 메일 발송이나 세일즈 콜을 위한 데이터베이스 확보에도 도움이 된다. 그러나 잘못된 행사에 참가하는 것은 비용과 시간만 허비할 수 있으므로 신중히 선택해야 한다.

3) 현장 홍보

 행사 현장에서는 기사화를 비롯한 다양한 방법으로 홍보에 도움이 될 수 있도록 프레스센터를 운영하고 기자들을 대상으로 홍보자료와 행사정보를 제공한다. 기자들에게 프레스 키트를 비롯한 먹거리, 행사 관련 기념품 등을 제공해 최대한의 정보와 편의를 제공하는 것이 좋다. 언론 인터뷰 등 행사 현장에서 진행되는 취재를 최대한 지원해야 하며, 실시간 홍보 모니터링을 통해 언론 반응을 살펴보고 부정 이슈가 발생하면 신속히 차단하는 것이 중요하다. 아무리 홍보 성과가 좋더라도 부정적 기사나 SNS 댓글이 나타나면 열심히 한 일도 제대로 평가받지 못하고 묻혀버리기 쉽다. 최근에는 행사의 주요 프로그램을 실시간 생중계하거나 SNS 이벤트와 연계하는 등 온라인과 연계하여 파급력을 높이기 위한 다양한 방법이 활용되고 있다. 설문조사는 행사 현장이나 온라인에서 진행하며 차기 행사 홍보를 위한 기초자료로 활용된다.

4) 사후 홍보

 행사가 성료된 이후에는 차기 행사를 위해 성과 홍보가 필요하다. 참가자 현황과 프로그램별 성과는 무엇이었는지, 어떤 이슈가 있었는지 언론과 웹사이트, SNS 채널 등을 활용해 알리고 차기 행사 기간 사이에 지속적으로 정보를 전달할 수 있도록 해야 한다. 행사가 종료되면 모든 채널이 올스톱 되는 경우가 많은데 행사 자체의 브랜드 가치를 높이고 지속적인 관심을 유도하기 위해서는 상시적인 관리가 수반되어야 한다. 핵심 타깃층에게는 이메일DM을 발송해 감사 메시지를 전달한다. 최근에는 저렴한 방법으로 모바일에서도 확인할 수 있도록 카카오톡 플러스친구와 같은 모바일 메신저를 함께 활용하는 추세다.

Case Study

: 행사를 통해 지역 경쟁력을 높여라

글로벌 컨벤션의 대표주자, 다보스포럼

앞서 언급한 다보스의 사례를 조금 더 살펴보자. 다보스는 포럼이 개최되기 전에 스위스의 알프스의 대표적 풍광으로 사진 속에 자주 등장하며 해발 1,560m 고지대의 맑은 공기로 결핵 환자를 위한 요양소가 설치되는 등 웰니스 관광지로 활용되었다고 한다. 지금은 주변 산악 지역을 활용한 수많은 스키장 등 겨울 스포츠의 메카이자 여름에는 다양한 액티비티를 즐길 수 있는 곳으로 유명해졌다. 무엇보다도 다보스포럼이라 불리는 세계경제포럼 개최도시로 유명한데 이런 유명세에 비해 인구는 11,000명(2019년 12월 기준) 남짓으로 매우 작은 도시에 불과하다.

다보스포럼의 역사는 1971년 스위스 쿠르에서 열렸던 유럽경영심포지엄European Management Forum에서 시작되었다. 1987년 이 심포지엄에서 초청 대상을 전 세계 기업과 정치인으로 확대하면서 세계경제포럼으로 변경되었다. 다보스포럼의 시작은 기업인을 중심으로 참여가 이루어졌는데 1973년 중동 전쟁을 겪으면서 다양한 이해관계자와의 조율을 위해서 정치인까지 초청하기 시작했다. 1974년 1월 연례회의부터 정치인들이 참여하기 시작해 세계 각국의 명사와 리더 간 이해를 높이는 장소로 적극 활용하기 시작했다. 1987년 다보스포럼을 계기로 소련과 동유럽의 개방을 이끄는 계기를 만들었고, 1988년 석유 시추 문제로 전쟁 직전까지 갔던 그리스와 터키는 다보스 선언을 통해 극적으로 화해했다. 1989년에는 한스 모드로프 동독 총리와 헬무트 콜 서독 총리가 통일 문제를 다보스에서 협상했고, 결국 그해 냉전의 상징이던 베를린 장벽이 그해 무너졌다. 1992년에는 다보스포럼에서 남아공의 데 클레르크 대통령은 넬슨 만델라와 망고수투 부텔레지 추장을 만나 화해의 계기를 만들었다. 1994년에는 시몬 페레스 이스라엘 외무장관과 야세르 아라파트 팔레스타인 해방기구PLO 의장은 가자지구와 제리코에 대한 합의 초안에 합의하는 등 세계 현대사의 한 페이지를 장식한 계기가 이 다보스포럼에서 다수 만들어졌다.

그러면 인구 만 명이 조금 넘는 작은 도시에서 열리는 포럼이 이처럼 큰 성과를 낼 수 있었던 비결은 무엇일까? 참가비용이 비싸고 행사 기간이 되면 호텔 방 하나의 가격이 수백만 원까지 오르며 교회 건물을 임시 숙소로 제공함에도 세계의 주목을 받는 이유를 살펴보면 아래의 6가지로 정리된다.

· 1) 다보스 브랜드, 권위의 형성
기업과 정치, 사회문제 해결을 위한 단기적인 성과가 아니라 장기적인 성장과 번영을 위해 미래를 모색하는 행사로써 다보스포럼만의 브랜드파워가 생겨났다. 기업인을 중심으로 출발했지만, 기업의 이윤이나 특정 국가의 이익을 위한 것이 아니라 인류 공동 번영이라는 대의명분에 기업인들과 정치인들이 호응하면서 다보스에서의 논의 내용과 결의 내용이 권위를 인정받게 되었다.

· 2) 중립적인 다중적 이해관계자

특정 단체나 기업, 국가에 치우치지 않은 연사 섭외와 프로그램 구성으로 포럼을 둘러싼 이해관계자들이 서로 믿고 중재하고 협의를 할 수 있는 곳이라는 신뢰를 형성할 수 있었다. 이는 중립국으로 알려진 스위스의 이미지와 중립적인 다중적 이해관계자라는 콘셉트가 조화되면서 포럼 이미지 형성에 영향을 주었다.

· 3) 글로벌 의제 선정과 이슈 선점

다보스포럼은 권위와 신뢰를 기반으로 선제적인 글로벌 이슈 및 미래 전망을 제시함으로써 세계적인 관심을 받을 수 있었다. 1982년에는 17개국 선진국 통산 장관을 초청했고, 이들과 함께 자유무역 확대 방안을 논의하면서 우르과이라운드 협상으로 이어지게 되었다. 2020년 다보스포럼에서는 '세계 화합, 지속가능한 세상을 위한 이해관계자들'을 주제로 약 350개 이상의 세션이 진행되었다.

· 4) 현직자 중심 초청

다보스포럼은 철저하게 현직자 중심으로 참여자를 초청했다. 실무 책임자들이 모여 논의하고 결의문을 발표함으로써 이러한 논의가 바로 실천으로 이어지고 효과를 거둘 수 있다는 주최측 의견이 모아졌기 때문이다. 실제 업무에서 실무진의 영향력이 높기 때문에 실행에 옮기게 되었을 때 효과가 뛰어나 효율성이 크다. 현직에 있는 사람들은 쉽게 참석할 수 없지만 다보스포럼이 주는 권위와 함께 미래의 가능성을 제시하기 때문에 기꺼이 참석하게 된다.

· 5) 선제적인 인재 선발과 파트너 관리

다보스포럼이 잘하는 점 중의 하나가 인재 관리에 탁월하다는 것이다. 다보스포럼은 차세대 지도자를 선발해 그들에게 발언권을 주고 향후 지도자로서 성장할 수 있도록 지원한다. 향후 국제 사회 또는 그 국가에서 지도자로 성장 가능성이 있는 인재를 미리 선발해 관리함으로써 이들을 다보스포럼의 열렬한 팬으로 만든다. 대표적으로 앙겔라 메르켈 독일 총리를 꼽을 수 있다. 후원 기업의 선정도 철저한 기준에 따른다. 기업의 성과만 보는 것이 아니라 기업의 사회적 기여나 평판 그리고 미래를 이끄는 능력을 고려해 제한적으로 회원을 받아들인다.

· 6) 휴양과 행사의 절묘한 조화

다보스는 휴양지로서도 유명한 곳이기에 유명 정치인과 비즈니스 리더들이 휴양을 취하면서 마음을 터놓고 이야기를 나눌 수 있는 최적의 자리가 될 수 있었다. 멋진 풍광 속에서 휴식을 취하면서 마음을 열고 생각을 정리할 수 있는 여유를 준다. 이러한 분위기는 교통이 불편한 이 작은 도시에 세계의 명사들이 기꺼이 비싼 돈을 지불하고 모이게 하는 원동력이 되고 있다.

창조도시로 만든 문화축제, SXSW

미국에서 문화도시로 자주 언급되는 도시가 있다. 바로 사우스바이사우스웨스트(이하 SXSW)의 도시 텍사스주 오스틴이다. 자신만의 고유한 패션, 음악, 문화를 쫓는 힙스터가 가장 살고 싶어하는 오스틴을 문화도시로 만든 배경에는 SXSW의 영향이 크게 작용했다. 매년 3월 SXSW 기간이 되면 세계적인 예술가, 뮤지션, 디자이너, 요리사, 스타트업, 프로그래머 등 다양한 크리에이터들이 오스틴으로 모여 혁신적인 아이디어와 재능을 발굴하고 네트워크를 형성한다. 2013년부터는 K-POP 공연 프로그램이 별도로 마련되어 레드벨벳, 갤러시 익스프레스 등 국내 뮤지션들도 참가해 현지 음악팬들의 이목을 끌고 있다. 오전에는 멘토링, 세미나 등 강연이 진행되고 저녁에는 시내 곳곳의 펍과 소극장, 카페에서 음악 공연과 영화 상영을 즐길 수 있도록 했다. SXSW 참가자는 누구나 자유롭게 다양한 장소에서 다양한 공연과 영화, 인터랙티브 기술시연회를 즐긴다. 다른 한쪽에서는 시상식, 강연, 네트워킹 파티, 전시와 이벤트가 동시에 진행된다. 이와 같이 창조적 영감을 주는 행사를 통해 참가자들은 오스틴을 강력한 문화도시 브랜드로 인식할 수 있게 되었다.

SXSW는 1987년 소규모 음악 축제로 시작되었는데 매년 규모가 커져 50여 개국 2만여 명의 음악 관계자들과 2천여 팀의 뮤지션이 참여하는 행사로 성장했다. 이뿐만 아니라 영화, 게임 등 소프트웨어 분야의 스타트업이 참여할 수 있는 융복합 크리에이티브 축제로 발전하면서 시에서도 적극적으로 지원에 나섰다. 문화생태계가 도시의 정체성 강화에 미치는 영향을 일찍부터 인식한 오스틴시는 지역 대학과 협력해 인재를 영입하고 크리에이터들의 창작활동을 지원하는 전담부서를 신설해 운영했다.

SXSW의 운영은 민간 법인인 SXSW LLC에서 전담하며 프로그램 기획과 제작을 진행하고 있다. 오스틴시는 SXSW의 장소를 제공하고 축제가 열리는 동안 운영수익과 함께 관광, 숙박 등으로 수익을 창출한다. 혁신을 가장 빠르게 받아들이는 콘텐츠와 혁신기술 공유의 장으로 자리잡은 SXSW는 2019년 3월, 9일간 개최된 행사에서 3,857억 원에 달하는 경제적 효과를 얻게 되었다. 오스틴의 사례는 잘 키운 축제 하나가 도시 전체를 먹여 살린다는 사실을 단적으로 보여준다. 문화가 강한 도시가 글로벌 도시 경쟁에서 우위를 점하는 컬쳐노믹스 시대에 SXSW는 세계 최대의 창조산업 축제를 만들어 오스틴을 문화도시의 이미지를 각인시켰다. 경제적으로도 막대한 부가가치를 창출하면서 미국에서 가장 높은 경제성장률을 기록하고 있다.

국내에서도 SXSW와 비슷한 성공사례가 있다. 2015년부터 매년 5월에 서울 코엑스 일대에서 개최되는 'C-페스티벌'이다. C-페스티벌은 케이팝K-pop부터 공연, 전시, 굿즈, 스타트업, 트렌드 등 한류 콘텐츠들을 한곳에서 즐길 수 있도록 만들었다. 매년 방문객 수와 매출이 급증하고 있어 도시문화축제로서 규모를 키워나갈 것으로 예상된다. C-페스티벌은 코엑스 일대의 여러 기업과 정부, 지자체가 함께 아시아를 대표하는 도심 속 마이스 문화축제로 만들기 위해 기획되었다. 기존의 축제는 패션이면 패션, 건축이면 건축, 영화면 영화 등 하나의 주제에 맞춰 개최되었다. 그러나 C-페스티벌은 우리의 일상 속에서 접하게 되는 요소들을 도시문화콘텐츠인 '어반 콘텐츠Urban Contents'라는 이름으로 재해석하고 콘텐츠 쇼케이스를 선보이는가 하면 참가자들에게 기존 축제에서 경험하지 못했던 새로움을 선사하고 있다.

C-페스티벌의 가장 큰 성공 요인은 스토리텔링과 장소의 이점이었다. 싸이의 강남스타일로 크게 알려진 국제도시 서울 그리고 한국의 도시문화콘텐츠와 트렌드를 선보이는 홍보의 장으로 행사를 활용했다. 그리고 2015년 마이스 및 관광산업 특구로 지정된 코엑스의 이점을 활용했다. 관광특구 제도는 외국인 관광객 증대를 위해 관광 관련 서비스와 홍보 활동 등을 강화할 필요가 있는 곳에서 규제 법령 적용을 완화하는 것이다. 예를 들어 크기, 색깔, 형태 등 옥외광고물의 제약 조건을 없애고 자유 표시 구역으로 지정해 현재까지도 대형 옥외전광판이 자유롭게 설치되어 있다. 옥외광고물과 상업 부스 시설들이 운영되면서 참가자들에게 더욱 풍성하게 볼거리를 제공할 수 있었다.

C-페스티벌이 거둔 성공을 분석하기 위해서는 이 행사에서 제공하는 콘텐츠와 개최지의 특성을 함께 살펴볼 필요가 있다. 앞선 해외사례에서 보듯이 이제 마이스 산업은 참가자들이 행사 자체의 경험뿐만 아니라 행사가 개최되는 도시에 대한 연관성이 행동에 더욱 깊게 작용하게 되었을 때 성공을 이룰 수 있다. 참가자가 얻는 경험과 개최 도시에서 느끼는 감정, 애착, 분위기 등을 더욱 긍정적으로 만들어 낼수록 성공적인 마이스 행사 개최에 조금 더 다가설 수 있다. 실제로 C-페스티벌이 개최된 강남 지역은 한국에서 소비되는 콘텐츠의 상당 부분을 차지하고 대중적인 트렌드를 선도하는 곳이다. 강남 지역은 콘텐츠에 대한 인사이트를 공유하는 콘서트인 360도 서울이 주요 주제로 다뤘던 스타트업의 클러스터 중 하나다. 강남 하면 떠오르는 도로인 테헤란

로는 20년 전 벤처 붐을 타고 '대한민국 스타트업의 요람'으로 불리기도 한다. 이뿐만 아니라, 한국에서 새로 런칭하는 분야별 브랜드가 테스트베드로 매장을 운영하는 곳이 바로 강남이다. 이처럼 강남은 한국의 문화콘텐츠와 소비 과정, 사람들의 취향을 확인하기 좋은 트렌드세터 같은 도시이자 수많은 콘텐츠가 새롭게 만들어지는 곳이다. 이러한 도시의 특성과 C-페스티벌이 지향하는 축제의 정체성이 잘 조화되면서 성공적으로 행사를 운영할 수 있었다. 마이스 행사로 관광과 지역 비즈니스의 부흥을 가져오기 위해서는 콘텐츠 기획 시 도시브랜드의 이미지가 콘텐츠와 잘 매칭되고, 도시와 프로그램이 자연스럽게 연결될 수 있는 스토리텔링이 매우 중요하다.

지역 축제가 가져오는 브랜드 상승 효과

문화체육관광부가 선정한 2020~2021 문화관광축제는 모두 35개다. 축제가 지역의 이미지를 새롭게 창출하고 지역브랜딩에 활용되기 위해서는 지역 특색을 반영한 차별화 전략이 필요하다. 지역성이 없거나 독창적이지 않은 축제는 예산만 낭비하고 자연환경도 파괴시키는 등 여러 문제점을 가져올 수 있다.

	축제명	지역		축제명	지역
1	강릉커피축제	강원	19	원주다이내믹댄싱카니발	강원
2	광안리어방축제	부산	20	음성품바축제	충북

3	담양대나무축제	전남	21	인천펜타포트음악축제	인천
4	대구약령시한방문화축제	대구	22	임실치즈N축제	전북
5	대구치맥페스티벌	대구	23	정남진장흥물축제	전남
6	밀양아리랑축제	경남	24	정선아리랑제	강원
7	보성다향대축제	전남	25	제주들불축제	제주
8	봉화은어축제	경북	26	진안홍삼축제	전북
9	산청한방약초축제	경남	27	청송사과축제	경북
10	서산해미읍성역사체험축제	충남	28	추억의충장축제	광주
11	수원화성문화제	경기	29	춘천마임축제	강원
12	순창장류축제	전북	30	통영한산대첩축제	경남
13	시흥갯골축제	경기	31	평창송어축제	강원
14	안성맞춤남사당바우덕이축제	경기	32	평창효석문화제	강원
15	여주오곡나루축제	경기	33	포항국제불빛축제	경북
16	연천구석기축제	경기	34	한산모시문화제	충남
17	영암왕인문화축제	전남	35	횡성한우축제	강원
18	울산옹기축제	울산			

··· 문화체육관광부 지정 문화관광축제(2020~2021)

인구 3만 7천여 군민의 71%가 1차 산업에 종사하고 재정자립도가 10%에 못 미치는 작은 농촌. 65세 이상 인구가 28%에 달하는 초고령 농촌이었던 곳이 우리나라를 넘어 세계인의 주목을 받는 전라남도 함평군의 사례를 보자. 나비축제로 더 유명한 이 고장은 무에서 유를 창조한 농촌 자원을 활용한 대표적인 성공사례로 손꼽힌다. 나비라는 곤충이 함평의 고유 자원도 아니고 원산지도 아니었지만 이렇다 할 관광자원이 없던 함평군은 오염되지 않은 자연의 특징을 최대한 살려 지역

주민의 소득 증대에 기여할 목적으로 청정 환경의 상징인 나비를 소재로 한 테마축제를 기획하게 된 것이다. 아울러 자연환경과 사람이 융화하는 환경친화적인 농업을 조성하고 함평에서 생산하는 친환경 농산물의 신뢰도를 높여 높은 가격으로 판매할 수 있는 유통 체계를 만들었다. 1999년에 처음 시작된 함평 나비축제는 개최 역사는 짧지만 2008년부터 5년 연속 문화체육관광부의 최우수 축제로 선정된 국내 대표 지역 축제 중 하나다. 축제 개최 전 연간 20만 명 정도였던 관광객 수가 250만 명으로 증가할 정도로 함평을 생태체험 관광지로 지역이미지를 변화시킨 나비축제의 성공 요인은 다음과 같다.

생각의 전환	함평천 둔치에 유채꽃을 심어 지역을 알려보자는 의도로 행사명을 공모했는데 유채꽃 축제를 제안하는 여론이 많았음. 그러나 유채는 제주도의 아류로 전락할 수 있어 아무도 생각지 못했던 나비를 소재로 역발상
소재의 독특함	특별한 관광자원 없이 농촌과 자연에서 쉽게 볼 수 있고 친근함을 가지는 나비와 각종 전통 꽃을 차별화 포인트로 활용
차별화된 홍보	민선 이전에는 각 지방자치단체에서 축제 개최 시 해당 지역에만 현수막을 설치했으나 함평군에서는 대도시 육교 현수막, 전남도청 앞 광장 광고탑, TV CF, 청와대 녹지원 나비날리기 행사, 8·15 광복절 기념 임진각 나비날리기 행사 등 찾아가는 홍보와 끌어들이는 홍보를 동시에 진행
친환경 축제	나비와 함께 여러 종류의 식물을 활용해 자연친화적 축제 환경을 만들어 산업화 시대에 개발에서 소외된 지역을 친환경 고장으로서 각인시키는 홍보의 장으로 활용
적절한 개최 시기	5월 가정의 달, 황금연휴 시기에 개최하여 온 가족이 함께 즐길 수 있는 축제로 방문 유도
일관된 테마	자운영, 유채, 무, 갓 등 1,000만 평의 전통 꽃밭을 배경으로 나비 생태관, 나비·곤충 표본 전시관, 나비 날리기, 보리·완두 그스름 체험, 가축몰이 체험, 미꾸라지 잡기 체험 등 관광객이 참여할 수 있는 프로그램 운영
마인드와 열정	침체된 지역경제를 극복하고자 하는 군민과 공직자의 열의와 화합된 의식이 축제의 적극 동참과 친환경을 실천하는 축제 프로그램으로 나타나면서 특색 있는 축제로 발전

··· 함평 나비축제의 성공요인

　지역 축제는 새로운 소재를 외부에서 차용해 지역 고유의 자원으로 만들 수도 있지만, 일반적으로는 지역의 문화나 특산물이 유명세를 타면서 축제로 발전하는 경우가 많다. 지역 축제도 지역의 가치를 높이고 경제적 효과를 창출하기 위한 장소브랜딩의 일환이라고 할 수 있기 때문에 축제의 단기 목표와 중장기 목표가 명확하게 수립되어야 지역 인지도 확대, 지역민의 수익 증대와 같은 경제적 효과에 대한 윤곽이 뚜렷해진다.

　문화체육관광부에 등록된 국내 지역 축제는 2019년 한 해 동안 884개였다. 가요제, 연극제, 순수 예술행사 등 작은 규모의 행사까지 합하면 그 수는 2,000개를 훌쩍 넘는다. 그러나 우리 머릿속에 떠오르는 지역 축제는 열 개가 채 되지 않는다. 인간의 뇌에는 기억용량의 한계가 있기 때문에 더 기억을 하려고 해도 할 수 없는 것이 현실이라면 각 지역 축제 주최자들은 사람들이 10개 남짓 기억하는 축제에 이름을 올리기 위해 경쟁할 수밖에 없다.

축제의 구성이나 기획에 대한 매력도, 홍보 방법에 대한 진지한 고민이 필요한 이유다. 축제의 흥행에 실패하면 애초에 지역 축제를 통한 장소브랜딩 방법을 전면 재검토하는 것도 필요하다. 유사한 축제 따라하기식의 방법은 아류로 전락할 가능성이 크기 때문에 주제와 프로그램 선정에 있어 차별화 포인트를 개발한 후에 단계별 홍보를 실행해야 한다. 콘텐츠가 부실하면 입소문을 타고 방문한 축제라고 할지라도 최초 방문 이후 재방문을 기대하기 어렵다.

앞선 사례에서 보듯이 마이스 행사는 장소브랜딩과 밀접한 연관이 있다. 행사를 개최한 지역의 얼굴과 성격을 보여주는 이벤트가 되기 때문이다. 마이스 행사를 통해 도시는 단순히 지역의 경제적인 수익 창출을 넘어 개성 있는 도시로 사람들에게 인식된다. 그래서 사람들로

하여금 다시 오고 싶고, 그 도시에서 살고 싶어지도록 만든다. 국내 마이스 산업의 발전을 위해서는 개최도시가 단기적 성과보다는 꾸준히 지속 가능한 행사를 기획하고 지역의 정체성을 담은 고유의 콘텐츠를 만들어 낼 수 있는 능력을 키워야 한다. 단순히 서비스 영역이라는 시야에서 벗어나 이종 산업 간 융복합적 결합으로 스토리와 콘텐츠를 개발하고 이를 통해 지역에 활력을 불어넣어 장소브랜딩과 행사의 성공에 다가서기 위한 노력이 요구되고 있다.

이도훈 제일기획 마스터
: 문화 이벤트에서 배우는 국가브랜딩

이도훈 마스터는 30년간 제일기획에 몸담으며 크리에이티브 이벤트 기획 및 제작 전문가로 손꼽힌다. 2002 한일월드컵 개막식, 2011 대구 세계육상선수권대회 개·폐막식에 이어 2018 평창동계올림픽대회 개·폐회식의 제작단장을 맡아 기획 및 연출을 성공리에 이끌었다. 국내에서 열린 세계 3대 스포츠대회를 비롯해 각종 국가적 행사의 개·폐회식을 진두지휘했고 평창동계올림픽의 성공개최로 대한민국정부 체육포장을 수여받았다.

Q1 문화 이벤트의 기획 단계에서 어떤 원칙을 적용하시는지 궁금합니다.

전 세계인을 대상으로 한 문화 이벤트를 준비하기에 앞서 단계별로 고민하는 3가지가 있었다. 그 첫째는 개최국(대한민국)의 정체성, 둘째는 그 아이덴티티의 현대적이고 세계인이 공감할 수 있는 보편적 가치화, 그리고 셋째는 그렇게 정리된 가치의 미래 비전화 작업이다.

프로젝트의 실마리를 찾아가는 기본이 되는 정체성의 경우 대한민국의 DNA를 '흥'에서 찾았다. 외국에서 프로젝트를 진행할 때 현지인들이 공통적으로 놀라워하는 대목이 있다. 어떻게 IMF 외환위기 때 국민들이 자발적으로 금 모으기 운동을 하고, 2002년 월드컵 때 전 국민이 하나 되어 사고 하나 없이 질서 있게 축제를 즐기며, 환경 재난이 발생한 현장에 거침없이 달려가 자원봉사를 할 수 있느냐는 것이다. 최근에는 코로나19 팬데믹 속에서 온 국민이 방역수칙을 준수하는 시민의식을 발휘하면서 방역 모범국의 저력을 보여준 것도 누가 시킨 것도 아닌데 스스로 움직이는 이 '흥'이 바로 우리만의 정체성으로 작용한 것이다.

다음 단계는 이 정체성을 어떻게 가치화할 것인가의 문제인데 '전통이란 전하여져 통하는 것이 전통'이라고 생각한다. 즉, 우리의 전통을 현대적 시각에서 재해석하고 재창조한 뒤 재배치할 때 공감의 설득력을 얻고 새로운 가치로 만들어갈 수 있다. 평창동계올림픽 개막식에서 우리의 정체성을 담은 첨단 IT 코리아의 이미지를 인문학적 스토리로 풀어낸 것이 대표적이다.

마지막 단계는 전 세계인이 감동할 수 있는 비전으로 풀어내는 것이다. 평창동계올림픽도 이러한 원칙을 적용해서 '남북한의 평화'라는 키워드로 평화를 갈망하는 인류의 보편적 감성에 다가가려 했다. 이 원칙들을 한마디로 정리하면 '개최국(대한민국)만이 할 수 있는 이야기를 언어와 사는 곳이 달라도 누구나 공감 가능한 동시대의 비전으로 승화시키는 것'이라 할 수 있다.

Q2 범국가적인 메가 이벤트에서 콘셉트는 어떻게 도출하나요?

메가문화이벤트는 행사가 개최되는 도시와 국가에 미치는 영향이 매우 크다. 따라서 성공적인 행사를 위해서는 무엇보다 행사와 지역의 정체성이 담긴 콘셉트 도출이 중요한데 콘셉트 도출 단계에서 프랙탈 Fractal 이론을 적용할 필요가 있다. 프랙탈 이론은 수학과 물리학에서 출발한 개념이지만 현재는 문화를 해석하는데 유용한 도구로 다양한 분야에서 활용되고 있다. 프랙탈 구조는 부분과 전체가 닮아있기 때문에 부분만 보아도 전체를 알 수 있음을 의미한다. 이 때문에 콘셉트를 도출할 때 프랙탈 구조를 적용하면 국가정체성을 유지할 수 있다. 국가의 문화 원형, 전통문화, 사회현상, 이벤트의 목적과 같은 다양한 하부 구성요소들이 뿌리가 되면 다이내믹한 커뮤니케이션이 발생하고 결국 새로운 개념의 콘셉트, 즉 씨앗이 발아하게 된다. 시대의 변화에 따라 콘셉트를 표현하는 기법은 달라지겠지만 이런 씨앗을 가지로 확장해 표현 형식을 선택한다면 한국의 전통문화를 재해석해 고유의 문화 원형을 표현할 수 있는 차별화된 메가문화이벤트를 기대할 수 있다.

Q3 이처럼 문화 이벤트를 비롯해 마이스 산업이 지역 경쟁력을 높이기 위해 취해야 할 과제는 무엇인가요?

2020년, 마이스 업계는 코로나19로 준비되지 않은 디지털 전환기를 맞아야 했다. 계획에 없던 온라인 축제, 온라인 전시회, 온라인 컨벤션으로 급격하게 전환되었고, 전면 취소된 행사도 상당했다. 이처럼 사회 곳곳에 새로운 질서, 즉 '뉴노멀'이 정착되기 시작하면서 변화된 행사의 목적에 맞는 콘텐츠 개발이 중요해졌다. 그리고 그 콘텐츠는 시공간에 구애받지 않으면서도 그 행사에서만 얻을 수 있는 특별한 경험이 중요해졌다. 플랫폼이나 채널은 시대 변화에 따라 바뀌지만 중요한 것은 진정성 Authentic 이다. AI의 시대이고 이벤트 프로모션도 기술에 따라 발전을 거듭해 왔지만, 세월이 바뀌어도 변하지 않는 진리는 진정성이 사람의 마음을 움직인다는 사실이다. 그렇기 때문에 코로나19로 격변의 시대에 진입한 지금, 이 거대한 파고를 헤쳐나가고 지역 축제, 컨벤션 등 마이스 행사가 국가브랜딩에 큰 역할을 하기 위해서는 진정성을 담아야 한다. 진정성이 담긴 콘텐츠는 인간 고유의 감성을 자극하게 되고 AI가 할 수 없는 역할을 하면서 그 파급력은 랜선으로, 구전으로 멀리 멀리 퍼져나간다.

Chapter 4

스마트시티
×
장소브랜딩

01

초연결 시대의 스마트시티

아침에 눈을 뜨면 햇살이 비칠 수 있도록 커튼이 자동으로 열리고
AI 비서가 혈압과 맥박 등 현재의 몸 상태를 알려준다. 양치질을
하면서 세면대 매직미러로 기온, 미세먼지 농도, 교통상황 등
출근을 위해 필요한 각종 정보를 확인한다. 자율주행차와 지능형
교통시스템의 도움을 받아 가장 빠른 길로 사무실에 간다.

2019년 11월, 정부가 공개한 2022년 스마트시티 생활상이다. 도시의 혁신이라 불리는 스마트시티는 정보통신기술ICT, AI, 사물인터넷IoT, 빅데이터 등 최신기술을 활용해 교통, 환경, 범죄와 같이 도시에서 발생하는 각종 문제를 해결하는 미래형 도시 플랫폼이다. 스마트시티 국가시범도시 중 하나인 부산 강서구의 에코델타시티의 경우 2022년 1단계 사업이 완료될 예정으로 서울 여의도 면적과 비슷한 2.8㎢ 규모의 수변도시로 조성된다. 국내 최초의 국가시범도시라는 명성에 걸맞게 AI와 5G 이동통신, 자율주행차 등 첨단 기술들이 활용된다. 스마트시티가 4차 산업혁명 시대의 기술 총아로 불리는 이유가 바로 여기에 있다. 미국 시장 전문조사기관인 IDC에 따르면 2019년 기준 전 세계 스마트시티 시장 규모는 약 1,293조 원에 이른다. 글로벌 IT 기업들이 AI

기반의 스마트시티 기술 상용화에 매진하고 있고, 한국 정부도 스마트시티를 혁신성장의 플랫폼으로 육성하고 있다. 한국은 세계 최고의 ICT 인프라와 대규모 신도시 개발 경험으로 인해 스마트시티 하드웨어 기술 경쟁력도 높다. 문재인 대통령이 2019년 한·아세안 특별정상회의 개막 하루 전날 아세안 국가 정상들이 참석한 가운데 에코델타시티 착공식을 연 것은 우수한 국내 기술력을 널리 알리기 위한 노력의 일환이었다.

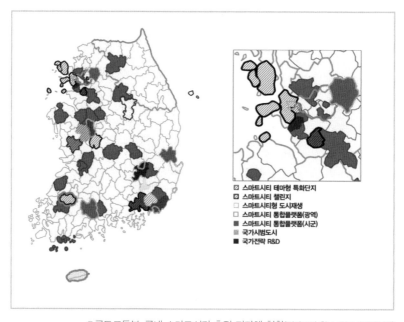

©국토교통부, 국내 스마트시티 추진 지자체 현황(전담조직 확보 78곳 / 2019.06)

스마트시티의 발전

스마트시티라는 단어가 언론과 인터넷에서 최근 몇 년 동안 오르내렸지만 대부분의 사람들이 아직까지는 체감하지 못하고 있다. 그러나 스마트시티는 머지않은 미래에 우리가 어느 장소를 가던 가장 먼저 맞닥뜨리는 이슈 키워드가 될 가능성이 크다. 흔히 스마트시티를 '4차 산업혁명의 혁신기술을 활용해서 우리 도시의 문제를 효과적으로 해결하고 도시민들의 삶의 질을 개선해나가는 미래지향적 도시 모델'로 정의한다. 그런데 스마트시티에 대한 정의는 국가별 여건에 따라 매우 다양하다. 공통적으로는 4차 산업혁명 시대의 혁신기술을 활용해 시민들의 삶의 질을 높이고 도시의 지속가능성을 제고하며 새로운 산업을 육성하기 위한 플랫폼이다.

국내 스마트도시는 유비쿼터스 도시를 뜻하는 U-CITY라는 이름으로 시작되었다. U-CITY 사업은 2000년대 초반에 수도권과 대전 등 신도시에서 공공사업으로 첫발을 들였다. 효율적 관리가 가능한 유비쿼터스 도시 건설을 위해 2008년 「유비쿼터스도시의 건설 등에 관한 법률」이 제정되었지만 현재의 스마트시티는 공공주도의 신도시개발 사업을 의미하진 않는다. 신도시를 비롯한 기존 도시의 효율적인 관리와 도시문제 해결을 위해 필수적으로 활용해야 하는 시대가 가까워지고 있기 때문이다. 즉, 머지않은 미래에 모든 도시가 지향하는 공통의 목표가 되면서 공공의 편익을 창출할 수 있게 된 것이다. 이때 새로운 기술들이 제대로 안착하고 도시가 발전할 수 있도록 하는 것은 공공의 역할이다. 정부와 지자체는 소통 커뮤니티를 구축해 전문가, 기업, 시민 등과 함께 사회적 합의를 도출하는 역할을 하고 다양한 정책을 지원함으로써 도시 구성원들의 참여가치가 확대된다.

스마트시티 플랫폼이 도입되는 지역은 크게 3가지 기대효과를 얻을 수 있다.

첫째, 신성장 동력으로의 관련 산업의 발전을 도모한다. 자율주행차, 공간정보, 스마트홈 등 각종 신산업을 담을 수 있는 플랫폼으로 건설단계별로 연관산업을 육성·발전시킬 수 있다.

(1단계) 도시 조성시	IoT, GIS 등 스마트시티 기반 관련 시장 형성
(2단계) 건축물 조성시	스마트빌딩, 스마트홈, 스마트 스트리트 등
(3단계) 도시 준공 후	시민 대상 스마트서비스(교통, 방법, 교육 등) 제공

둘째, 지자체 경쟁력이 향상된다. 교통, 물류 등의 네트워크가 지능화되고 교통체증 해소, 물류비용 절감 등으로 도시의 효율성 증대된다. 또한 도시기능, 도시이미지 및 도시의 위상 향상으로 지자체의 브랜드 가치를 확보할 수 있다.

셋째, 주민의 삶의 질을 향상시킨다. 스마트 도시관리, 스마트 관광, 스마트 문화, 스마트 환경 등의 서비스가 제공되는 스마트시티는 주민의 삶의 질을 근본적으로 향상시킬 수 있는 인프라와 시스템이 구축되는 것이다.

개인화와 비대면 접촉이 더 이상 낯설지 않은 뉴노멀 시대에는 거주지의 기능이 의식주의 기본 기능에서 업무와 휴식, 놀이와 창의 기능을 겸하고 인근 지역으로 공간이 확장되면서 스마트시티 시스템이 고도화된다. 이제 집과 도시가 욕망의 대상이 아니라 삶을 영위하는 공간으로 재정의되는 변화의 가능성을 스마트시티가 앞당기고 있는 것이다.

최근 국토교통부 도시경제과에서는 도시문제 해결을 위한 실험 '스마트챌린지'를 추진하고 있다. 기업과 지역 주민 그리고 지자체가 함께 지역의 도시문제를 새로운 접근방법으로 해결해나가는 사업이다. 공모를 통해 경쟁방식으로 지역을 선정하고 정부와 지자체가 공동으로 비용을 부담해 새로운 솔루션을 지역에 안착시켜 나가는 과정을 밟는다. 한 가지 예로, 인천시는 올해부터 현대자동차를 비롯한 민간기업들과 함께 도시 외곽의 교통이 취약한 지역에 수요응답형 버스I-MOD ; Incheon Mobility on Demand를 운영 중이다. 이 버스는 도시 외곽의 작은 마을에서 버스를 타야 하는 승객이 모바일앱으로 버스를 예약하면 운영 중인 버스의 노선이 실시간으로 인식해 승객이 있는 곳으로 이동하며 승객을 태우는 방식이다. 이러한 효율성으로 인해 최소비용으로 작은 마을 주민들에게 교통 서비스를 제공할 수 있다.

지자체의 사물인터넷IoT 정보시스템을 연계하는 스마트시티 통합플랫폼 사업도 차근차근 진행 중이다. 현재 국내에서 가장 널리 보급된 사물인터넷 센서는 CCTV로 각 지자체와 공공기관에서 안전을 비롯한 다양한 목적으로 103만여 대를 운영하고 있다. 그런데 CCTV를 관리하는 주체가 다양하다 보니 서로 연계되지 않는 문제가 발생한다. 스마트시티 통합플랫폼은 이러한 문제를 보완해주는 시스템으로 지자체와 정부기관과의 정보시스템이 서로 연계되도록 도와준다. 2015년부터 2019년까지 49개 지자체에 보급되었고 2020년에 59개 지자체에 추가로 보급되면 전 국민의 60%에 해당하는 3,200만 명이 통합플랫폼의 혜택을 볼 수 있다.

한편 정부의 메가 프로젝트이자 4차 산업혁명의 혁신기술이 집결된 스마트시티 국가시범도시 사업은 세종 5-1 생활권, 부산 에코델타시티에서 각 2.7㎢(약 80만 평) 부지에 조성되고 있다. 교통·환경·에너지·복지를 비롯한 다양한 분야의 혁신 솔루션들이 구현된다. 이렇게 첨단화, 기능화된 미래 도시의 관리모델은 어떤 모습일까? 2018년에 착수한 국토교통부의 '스마트시티 데이터허브'는 다양한 도시데이터를 수집·연계·분석하는 플랫폼이다. 이 플랫폼은 사람의 개입을 최소화하면서 효율적으로 도시를 관리하고, 시민들의 삶의 질을 향상시키는 데이터 기반의 다양한 솔루션을 제공하게 된다. 2019년까지 데이터허브 플랫폼 모델을 개발했고 2020년 대구시와 경기도 시흥시를 대상으로 다양한 도시 솔루션을 접목해 시험 운영했다. 도전적이고도 장기적인 연구로 추진하는 과제이지만 그 효과를 확인할 수 있는 기회는 의외로 빨리 왔다. 코로나19가 확산되기 시작한 2020년 2월 국토교통부 도시경제과와 R&D 연구진들의 회의에서 개발된 플랫폼 모델을 활용해 코로나19 역학조사를 지원하는 시스템을 만들어보자는 의견이 나왔다. 코로나19 확진자가 나왔을 때 질병관리본부에서 진행하는 역학조사는 확진자를 면담하고 통신사와 경찰청에 공문을 보내 통신내역을 확인하는 방식이었기 때문에 많은 시간이 걸렸다. 이에 휴대폰 통신정보, 신용카드 사용 내역 등을 신속히 넘겨받아 자동분석하는 시스템을 1개월 동안 개발한 후 3월 26일 질병관리본부에 제공했다. 그 결과 확진자 1명당 하루 종일 소요되던 분석 작업이 10분 만에 완료되었고 확진자 동선을 분석해 감염 전파경로와 위험지역도 쉽게 파악할 수 있었다. 이러한 사실이 알려지면서 국제기구를 비롯해 해외 정부와 언론에서 주목받았고 관련 기술협력과 프로그램에 대한 수출 협의도 진행되고 있다. 이러한 일련의 과정은 스마트시티 추진을 둘러싼 정부, 기업, 시민 등 다양한 고객들과 숙의 민주주의 방식을 도입함으로써 그 빛을 발휘하게 된다.

해외로 눈을 돌려보면 어떨까? 역시 선진국, 신흥국 할 것 없이 스마트시티 사업추진에 박차를 가하고 있다. 가장 중요한 이유는 바로 4차 산업혁명 이후 미래사회에서 개인이 누리는 진보된 사회의 핵심이 다름 아닌 스마트시티이기 때문이다. 선진국의 경우 그동안 상당 부분 진행되고 쌓여 있는 도시의 인프라를 스마트시티 사업과 접목해 재생하는 것을 주요 목표로 삼고 있고 신흥국의 경우 도시화 문제 해결과 경기 부양을 위해 스마트시티 사업을 접목해 진행되는 특징이 있다. 스마트시티 조성의 초기단계인 한국은 현재 정부 주도 사업이 대부분이지만 한국판 디지털 뉴딜의 핵심 사업이 될 스마트시티가 성공하려면 민간이 주도할 수 있는 제도적 환경을 조성하는 것이 필수적이다. 캐나다 토론토의 워터프론트, 일본의 도요타 우븐시티, 핀란드 헬싱키의 칼라사타마 등 해외 스마트시티의 주요 성공 요인의 공통점은 정부의 개방성, 민간의 제안과 주도가 가능한 자율성, 지역기업과 주민의 자발적 참여였다. 아직까지 한국은 정부 중심으로 사업을 이끌고 있지만 국내에서 진행하는 많은 실험이 수년 뒤에는 민·관이 자연스러운 협업을 통해 상용화되고 지역 커뮤니티 중심의 참여와 소통을 통해 시민들의 일상생활 속에 자연스럽게 스며들게 될 것이다. 언론보다 더 빠른 정보력과 확산력을 지닌 포털사이트 커뮤니티에서 맘카페, 지역 정보 카페의 영향력은 스마트시티가 보편화될 미래도시에서 지역 관리와 정보교류의 창구로 활용될 가능성이 크다.

스마트시티 정보시스템

    스마트시티 정보시스템은 스마트시티 정책 추진과정에서 생산된 다양한 정보를 한곳에 모아 서비스하는 온라인 플랫폼이다. 이 플랫폼에서 스마트시티 관련 계획부터 사업 실행, R&D, 거버넌스 등 공공분야의 다양한 관련 정책을 공유할 수 있다. 한국은 스마트시티 관련 분야의 전문가뿐만 아니라 일반인들에게 스마트시티 관련 지식과 정보를 적극적으로 공유하면서 정부 정책에 대한 대국민 신뢰 관계를 쌓는 데에 매진하고 있다. 또한 단순한 정책정보 제공을 넘어 스마트시티 정책을 하나의 플랫폼에 통합 관리한다는 계획이다. 스마트시티가 모든 도시의 공통된 목표가 된 지금 스마트시티 정보시스템에 아카이빙 된 국내 스마트시티의 발자취는 앞으로 나아가야 도시의 발자취와 소통을 위한 자료로 활용될 것이다.

스마트시티의 브랜드 커뮤니케이션

스마트시티를 브랜딩할 때 중요한 점은 지속가능성, 삶의 질, 공동체와 같은 도시의 다양한 가치를 위해 어떤 철학을 담을지 고민하는 일이다. 도시의 철학 없이 새롭고 놀라운 기술을 실현하는 기술 경연장으로 생각하며 만들어진 스마트시티는 경쟁력을 기대할 수 없고, 최신 기술의 혜택을 얻은 수혜자만 도와주는 꼴이 될 수도 있다. 도시에는 기술의 혜택을 좋은 아파트에 사는 사람뿐만 아니라 청소하는 사람, 애 봐주는 사람, 경비하는 사람도 모두 어울려 살아야 하는데 고도의 기술로 스마트시티를 만들려고 하면 그냥 기술 경연을 위한 세트장이자 분양광고에 불과하다. 스마트시티의 방점은 '스마트'가 아니라 창의력이 지속적으로 발현되고 공동체 정신을 구현할 수 있는 '시티'에 찍혀야 한다. 현재 스마트시티 홍보는 언론 홍보, 웹사이트 운영, SNS 채널 운영, 온·오프라인 등 일반적으로 활용되는 프로그램과 함께 정부와 지자체에서 홍보관을 조성해 운영하고 있다. 스마트시티가 얻고자하는 이미지를 확립하기 위해서는 철학이 담긴 브랜드를 온라인과 오프라인에서 서로 연결할 수 있어야 한다. 가령 온라인상에서의 정보획득과 가상도시 체험이 오프라인 홍보관으로의 방문으로 이어지고, 방문 후기가 온라인 상에서 공유·확산되면서 고유의 이미지를 형성한다. 이와 반대의 경우도 마찬가지로 온·오프라인 홍보와 광고를 가릴 것 없이 통합적으로 적용, 연계, 확산될 때 홍보효과도 커진다.

02

모바일 하나로 여행하는
스마트 관광도시

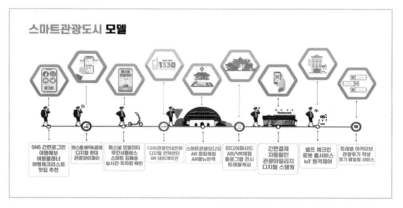

©한국관광공사, 스마트 관광도시 모델(2020)

    관광은 우리가 사는 일상 벗어나 새로운 곳을 찾아 그곳의 풍경, 풍습, 문물을 구경하고 다음의 일상을 준비하기 위한 재충전의 기회를 갖는 활동이라고 할 수 있다. 이때 우리는 관광지에 갈 수 있는 교통수단과 관광지에 머무를 수 있는 숙박시설, 그리고 관광지에서 즐기고 먹을 수 있는 음식점 등 기본적인 관광 인프라가 구축되어 있을 때 관광은 그 자체로 효과를 발휘할 수 있다. 우리는 스마트폰 없는 일상을 상상할 수 없을 정도로 디지털에 익숙한 삶을 살아가고 있다. 정보기술과 인터넷의 발전에 힘입어 스마트폰 하나로 관광과 관련된 핵심 기술들이 종합적으로 관광 인프라를 보다 편리하고 효율적으로 만들어 주었다. 이러한 일련의 관광 활동은 '스마트 관광도시' 안에서 구현이 가능해지고 있다.

스마트 관광도시는 정보통신기술ICT과 스마트 기술이 결합해 실시간으로 정보의 수집, 분석, 공유가 가능해지면서 지역 주민의 도시생활과 경험이 개선되는 도시라고 할 수 있다. 스마트시티 내에서 제공되는 실시간 정보 기반의 도시 서비스가 관광객 차원으로 확대, 발전되는 방향으로 스마트 관광도시가 구축될 때 도시의 경쟁력 제고와 함께 경제적 가치 창출이 가능하다.

기존 도시와 달리 디지털 환경에서의 도시는 관광 소비 증가에 따라 체감도 높은 관광 요소를 집약적으로 제공하는 관광생태계 조성이 필요했고, 지역관광 주체들의 4차 산업혁명 시대에 대응하는 역량을 제고하고 지역관광의 경쟁력을 강화할 수 있는 계기가 필요했다. 또한 외국인 개별 관광객FIT의 급증으로 스마트관광 서비스에 대한 수요가 증가해 왔다. 이때 등장한 것이 바로 스마트 관광도시이다. 전국의 스마트 관광도시화를 통해 만성적인 국내외 관광객 불편 사항을 해소하고 관광산업의 패러다임을 바꿀 수 있는 기반이 마련된다. 궁극적으로 스마트관광 생태계 구현을 통해 지역이 그토록 원하는 바, 지역관광 활성화를 통한 지역 브랜드 이미지 제고와 함께 다양한 부가가치를 창출할 수 있다.

스마트시티는 정보통신기술을 기반으로 도시 생활에서 발생하는 다양한 문제를 해결하여 시민들이 편리하고, 안전하고, 보다 쾌적한 삶을 누릴 수 있는 환경을 조성한다. 그런데 주로 도시에 거주하는 주민을 대상으로 하기 때문에 관광객의 급속한 유입에 따른 문제를 해결하기에 한계가 있다. 이러한 한계를 해결해 주는 플랫폼이 바로 스마트 관광도시다. 스마트 관광도시는 기술요소와 관광요소의 융복합으로 관광객에게 차별화된 경험, 편의, 서비스를 제공하고 축적되는 정보를 분석해 관광콘텐츠와 인프라를 지속적으로 발전시킨다. 스마트 관광도시는 도시의 거주민과 관광객의 조화로운 삶을 지향하는 개념이기도 하다. 주민의 삶과 연관된 공공시스템을 관광객을 위해 활용될 수 있도록 확장시킨다. 이 때문에 스마트시티와 스마트관광은 상호보완적이고 필수불가결한 관계다. 스마트시티 기반 위에 구축된 다양한 도시의 기능을 관광지, 숙박, 교통, 안전과 같은 주요 관광서비스와 연결해 경쟁력을 높일 수 있다. 이러한 맥락에서 부산광역시, 세종시 등 국내에서 스마트시티를 선두에서 구축하고 있는 도시뿐만 아니라 관광 거점 도시를 중심으로 모든 지역에서 필수적으로 구축해야 할 분야가 스마트관광이 아닐까 싶다. 지방의 소도시일수록, 인구감소 추세가 뚜렷할수록, 이렇다 할 핵심 산업이 없는 도시일수록 관광은 지역을 살릴 핵심 먹거리이기 때문이다. 그리고 이러한 먹거리는 스마트관광 플랫폼을 제대로 구축하고 관광서비스 수준을 높여 장애요소를 최대한 제거했을 때 빛을 발휘할 수 있을 것이다.

5대 요소	세부내용	연계 관광요소	연계 기술요소	핵심가치
스마트 경험	최신기술을 활용해 자연, 문화, 역사 등 관광매력 극대화	관광콘텐츠	AR, VR, MR, 홀로그램 등	관광 매력
스마트 편의	편리한 체류를 위해 식당, 체험 등 정보의 실시간 제공 및 예약/결제 지원	관광인프라	O2O, 디지털 사이니지 등	관광 일정 관리
스마트 서비스	다국어, 불편신고, 짐 배송 등 관광지 현장의 불편에 대한 신속 대응	관광지원 서비스	챗봇, 로보틱스 등	관광 품질 개선
스마트 모빌리티	공유자동차, 수요대응형 자동차 등 도시 간 이동 및 퍼스널 모빌리티 등 도시 내 이용가능한 2차 교통수단	관광교통	공유플랫폼, 자율주행, MaaS 등	방문 범위 확대
스마트 플랫폼	스마트 관광도시 내 다양한 서비스를 등록, 이용하며 그 기록을 수집·공유	관광정보	AI, Data Analytics 등	관광 정보 공유

©한국관광공사, 스마트 관광 구성요소(2020)

5대 요소	관광 전	관광 중	관광 후
스마트 경험	여행 전 관광지 가상체험 및 일정 추천	스마트 관광거리 내 관광지의 실감형 콘텐츠 체험	후기공유, 재방문 계획 수립 지원
스마트 편의	숙박, 식당, 체험정보 검색 및 예약 연동	데이터 사용량에 구애받지 않고 이용, 스마트 주차, 현장에서 실시간 이용예약 및 확인	
스마트 서비스	문의, 특수도움 요청	메뉴판/안내문 번역, 실시간 문의, 불편신고, 특수도움 요청 채널 마련	
스마트 모빌리티	교통수단 검색 및 예약	예약 인증, 실시간 이용 예약	
스마트 플랫폼	(사업자) 플랫폼을 통한 서비스 제공, (소비자) 플랫폼을 통한 서비스 이용 (기관) 플랫폼의 공급/소비 행태 및 후기정보의 수집, 분석, 공유, 정책 마련		

©한국관광공사, 스마트 관광 편의성(2020)

스마트시티 내 관광생태계에서 사물인터넷과 핀테크 금융 결재시스템을 구축하고 모바일로 연계해 쇼핑을 위한 관광상품과 서비스를 실시간으로 제공하고 카드 매출, 휴대폰 사용량에 따른 위치 정보, 온라인 인기검색어 등 빅데이터를 수집·분석해 관광행태와 트렌드를 파악하며, 수요 예측을 통해 국가의 관광전략과 개별 관광기업의 마케팅 전략 수립도 가능하다. 스마트 관광도시에서는 사물인터넷과 웨어러블 기기를 활용해 관광객의 요청에 따라 각종 정보를 제공하는 커넥티드 투어Connected Tour가 구축된다. 이는 국내외 관광객들이 예측하지 못한 상황이 발생하면 즉각적으로 위치 정보와 연락처를 파악해 낯선 관광지에서도 안전한 여행을 할 수 있도록 돕는다. 또한 AI 기술들은 한국어와 외국어의 통역과 번역을 인간의 자연어와 가깝게 안내서비스를 제공해 언어의 불편함을 최소화시켜준다.

경희대 컨벤션경영학과 구철모 교수에 따르면 스마트 관광도시의 구축을 위해서는 3가지 전략이 필요하다.

첫째, 사회 기반시설 구축이다. 기본적으로 다양한 정보 형태와 데이터가 실시간 공유될 수 있는 사회의 기반시설이 우선시 되어야 한다는 점이다. 도시 내 모든 곳에서 누구나 와이파이와 인터넷을 원활하게 사용하고 이를 통해 다양한 실시간 정보들, 예를 들면 지도와 함께 교통수요 정보와 정부에서 제공되는 공공 데이터가 시민과 더불어 관광객들에게 사용되도록 제공되어야 한다.

둘째, 데이터의 실시간 공유이다. 도시에서 발생하는 방대한 양의 실시간 정보를 수집과 분석과정을 거쳐 제공하고 공유시킬 수 있는 데이터 관리 플랫폼 구축이 뒤따라야 한다. 이를 통해 도시 전체가 일종의 사물인터넷IoT 환경으로 조성되어 각종 데이터의 실시간 공유를 구현하는 것이 스마트 관광도시 구축에도 필수적이라 할 수 있다. 이러한 개방적 환경 조성을 위해서는 이해당사자 간 공론화 과정이 중요하고 실시간 데이터 제공과 공유를 위해 어려움이 없도록 하는 기본적인 정책이 요구된다.

셋째, 실시간 정보 기반의 도시 서비스 제공이다. 실시간으로 제공되는 정보에 기반한 도시 서비스를 통해 도시의 거주민과 방문객 및 관광객의 거주 및 경험의 질이 개선되고 당사자가 원하는 정보를 현재 상황에 맞춤화된 형태로 활용할 수 있다. 기술의 발전에 대한 미시적 전략목표보다는 거주민, 방문객, 관광객 등 도시를 둘러싼 이해당사자들의 도시에 대한 경험의 결합, 효과적인 네트워크 구축 등 거시적 전략목표가 설정될 필요가 있다.

정부에서도 스마트 관광도시 조성을 위한 지원사격에 나섰다. 문재인 대통령이 2019년 4월, 국가관광전략회의에서 스마트관광을 국가관광전략의 핵심으로 언급하며 신속하고 체계적인 인프라 구축을 주문했다. 2020년 6월에는 문화체육관광부와 한국관광공사가 스마트 관광도시 시범조성사업 대상지로 인천광역시, 강원도 속초시, 경기도 수원시를 선정했다. 속초시는 청초호와 속초해수욕장이 중심이 된 '천혜의 자연과 속초 도심이 어우러진 스마트 관광지', 수원시는 세계문화유산 수원 화성에 정보통신기술을 적용한 '수원화성 디지털 문화 특구', 인천광역시는 개항장 일대를 중심으로 '스마트한 19세기 제물포' 구현을 목표로 하고 있다. 한국관광공사의 2019년 통계에 따르면 방한 외국인 관광객의 78.3%가 스마트폰을 활용해 관광정보를 얻는다. 이러한 추세에서 스마트폰으로 최신기술을 활용한 홍보와 예약, 할인 이벤트, 결제 등의 서비스가 동시에 제공되는 스마트 관광도시 시범조성사업이 많은 지자체의 주목을 받았다. 이처럼 스마트 관광도시가 지역관광 주체들의 역량을 제고시켜 장소의 경쟁력을 강화하는 핵심동력으로 부상하면서 장소브랜딩에 있어서도 지역관광 활성화를 위한 효과적인 수단이 될 것으로 기대된다.

이제 시작단계에 있는 스마트 관광도시 사업을 성공적으로 구현하기 위해서는 변화하는 관광트렌드에 맞춰 한국의 강점인 문화와 모바일, ICT 등 기술을 접목해 관광서비스 수준을 높이고 지속적으로 관광콘텐츠와 인프라를 발전시켜 스마트폰 하나로 교통, 언어, 예약, 결제가 가능하도록 스마트 관광생태계가 구축되어야 한다. 이를 위해 지역의 의견수렴을 통한 공청회 등 고객과의 거버넌스 구축이 수반되어야 한다. 관광산업은 부가가치가 큰 산업이기 때문에 지역 관광자원과 연계하여 지역민과 관련 기업에 경제적 혜택이 돌아가야 시너지 창출은 물론 지속가능성을 보장할 수 있다.

Case Study
: 4차 산업혁명 시대를 이끌어라

스마트시티에 대해 각국의 경제발전 수준, 도시 상황과 여건에 따라 매우 다양하게 정의되고 있다. 또한 국가별 접근 전략에도 큰 차이가 있다. 한국은 '4차 산업혁명 시대의 혁신기술을 활용해 시민의 삶의 질을 높이고 도시의 지속가능성을 제고하여 새로운 산업을 육성하기 위한 플랫폼'으로 정의하고 있다.

앞서 언급한 바와 같이 스마트시티 조성에 있어 한국은 크게 두 가지의 강점을 갖고 있다.

첫째는 ICT 강국이라는 점이다. 한국은 세계적 수준의 ICT 기술은 물론 삼성, LG 등 세계 최고의 기업들을 보유하고 있다. 아울러 스마트폰 보급률 세계 1위, IT 발전지수 2위 등 IT 친화적인 사회라는 점이 스마트시티로의 도시 패러다임 전환을 용이하게 하는 원동력이 되고 있다.

둘째는 도시개발에 대한 값진 경험이다. 한국은 1950년 전쟁의 폐허를 딛고, 1960년대 이후 현재까지 급속한 경제성장을 이루어 왔다. 한국은 20년 이상의 신도시 개발 과정에서 많은 시행착오를 거치면서 다양한 도시개발 노하우를 축적해 왔다.

스마트시티 국가시범도시

　정부는 백지상태의 부지에 4차 산업혁명의 각종 첨단기술을 집약한 미래형 스마트시티 선도모델로서 국가시범도시를 세종과 부산에 조성하고 있다. 도시공간 조성과 함께 혁신적인 스마트인프라와 서비스 개발에 매진하며 2021년 입주를 목표로 하고 있다. 국가 시범도시에는 인공지능, 5G, 블록체인 등 공통 신기술을 접목하고 이를 기반으로 자율주행 자동차, 드론, 스마트 에너지와 같은 신산업을 육성할 계획이다. 또한 교통, 에너지, 환경 등 다양한 도시 데이터를 활용하고 민간기업이 참여하는 혁신 산업생태계 조성도 추진하고 있다. 세종 5-1 생활권은 인공지능 기반의 도시를 콘셉트로 모빌리티, 헬스케어, 교육, 에너지 등의 7대 혁신요소를 통해 시민의 일상을 바꾸는 스마트시티를 목표로 조성 중이다. 예컨대, 스마트교통은 공유기반의 교통수단과 교통 흐름 데이터의 인공지능 분석을 통해 교통 흐름을 최적화시켜 이동시간과 비용을 절감하는 서비스를 제공하고, 자율주행 자동차 등 다양한 미래형 이동수단을 도입해 미래 교통을 일상생활 속에서 체험할 수 있도록 한다. 부산 에코델타시티는 데이터와 증강현실 기반의 도시를 콘셉트로 김해공항 남쪽에 로봇, 물, 에너지 등 10대 혁신요소를 통해 최첨단 수변도시를 조성하고 있다. 특히, 도시 물순환 전 과정(강우-하천-정우-하수-재이용)에 스마트 물관리 기술을 적용해 물로 특화된 도시이자 물, 태양광 등 자연이 주는 신재생 에너지를 활용해 에너지 자립율 100%를 달성하는 제로 에너지 도시로 포지셔닝 하고 있다.

©국토교통부, 세종 5-1 생활권 스마트시티 조감도

©국토교통부, 부산 에코델타 스마트시티 조감도

해외 스마트시티 홍보 플랫폼 현황

2019년 3월, 서울시는 '스마트시티 서울' 추진계획을 발표하고 이를 바탕으로 민관협력 기반의 분야별 스마트시티 활성화 전략을 추진 중이다. 또한 디지털 역량 및 경험 공유를 위해 지난 2016년부터 '서울 스마트시티 서밋'을 개최하고 스마트시티 협의체를 출범해 서울시 스마트시티 성과사례의 벤치마킹 수요에 대응하고 글로벌 홍보 확산에 기여하고 있다.

그렇다면 해외 다른 도시들은 어떻게 스마트시티 성과를 홍보하고 있을까? 주요 도시의 스마트시티 홍보 플랫폼을 살펴보고 그 특징을 확인해보겠다. 해외 주요 스마트시티 홍보 플랫폼으로는 스마트시티 분야에서 높은 평가를 받고 있는 네덜란드 암스테르담, 스페인 바르셀로나 및 싱가포르, 도시 특수성을 반영한 도시전시플랫폼을 구축한 미국의 뉴욕과 콜럼버스 그리고 디지털 신기술을 기반으로 스마트도시로 변모하고 있는 에스토니아가 대표적이다.

네덜란드 암스테르담, 스페인 바르셀로나, 싱가포르는 스마트시티 정책 및 주요사업 홍보를 위한 플랫폼을 운영 중이다. 네덜란드 암스테르담은 온라인 플랫폼과 함께 오프라인 전시관(체험랩)을 운영 중이며 기술전시보다는 프로젝트 추진 공간의 역할 수행하고 있다. 암스테르담의 프로젝트는 리빙랩과 같이 기업, 시민, 연구기관 등 도시 내 혁신 주체가 참여하는 형태로 추진되며 체험랩 공간을 활용하는 것으로 나타난다. 스페인 바르셀로나는 서비스 정보공유뿐만 아니라 시민의 디지털 리터러시를 높일 수 있는 공간으로 복합적으로 운영하고 싱가포르는 해당 국가의 정책 및 사업을 공유하고 확산하는 역할로 홍보 플랫폼인 오프라인 전시관을 운영 중이다. 다음으로 미국 뉴욕의 경우, 도시박물관을 구축하고 뉴욕에서 발생하는 도시문제를 공유, 방문객(시민)이 직접 도시를 설계할 수 있는 체험공간을 제공하고 있다. 미국 콜럼버스는 스마트 교통시스템 체험공간을 조성해 운영 중이다. 2016년 미국 연방교통부가 선정한 스마트도시 공모 Smart City Challenge를 통해 커넥티드 교통 도시로 선정된 뒤 스마트 교통시스템을 개발·적용해 시민들이 해당 서비스를 시승할 수 있는 체험프로그램을 제공하고 있다. 마지막으로 에스토니아는 오프라인 플랫폼인 스마트시티 전시관을 구축하여 운영하고 있다. 에스토니아의 우수 전자정부 서비스(스마트시티 서비스)를 해외에 공유하고 에스토니아에 글로벌 관계자들이 방문할 수 있도록 프로그램을 시행하고 있다. 전시관에는 에스토니아 정책, 서비스, 성과사례가 전시되어 있으며 전시콘텐츠 외에 글로벌 컨퍼런스, 세미나 등을 개최함으로써 글로벌화를 달성하고 있다.

네덜란드 암스테르담_Amsterdam City

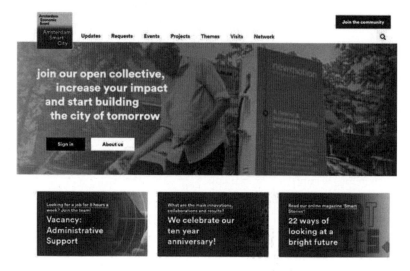

··· 암스테르담 스마트시티 웹사이트

네덜란드 암스테르담은 '시민, 기업, 스타트업과의 협업'을 기반으로 스마트시티를 조성해 주목받은 도시이다. 암스테르담은 시민, 스타트업의 아이디어와 서비스 제안을 접수하고 실제 도시에 적용될 수 있는 플랫폼을 구축해서 운영하고 있다.

암스테르담의 스마트시티 전시공간은 크게 두 가지 형태로 운영된다.

첫 번째 형태는 협업 공간이다. 암스테르담의 추진 성과를 전시하는 것보다는 시민, 기업, 스타트업이 참여할 수 있는 형태로 운영되고 있다. 참여자의 의견수렴은 온라인 플랫폼인 암스테르담시 웹사이트를 통해 진행되고 시민협력 프로젝트를 오프라인으로 진행하고 있다. 프로젝트 중심의 '체험랩'이라는 이름으로 운영되는 방식이라고 볼 수 있다.

구분	암스테르담 스마트시티
국가 (도시)	네덜란드(암스테르담)
주요 콘텐츠	(분야별 서비스) 디지털도시, 에너지, 이동성, 도시순환 등 총 7개 주제, 250여개의 프로젝트 소개 (체험랩) 스마트시티 프로젝트 체험 및 아이디어 교류 공간 제공 (투어 프로그램) 총 6개의 투어 프로그램 구성 및 국내·외 방문객 대상 맞춤형 운영 암스테르담 스마트시티 소개, 미니 컨설팅, 에너지·모빌리티·에너지순환 서비스 현장 방문, 프로젝트 및 체험랩 시행공간 방문, 그룹 오픈 세미나 추진, 암스테르담 혁신 솔루션 현장방문 프로그램 운영
특징	(민관협력 기반 플랫폼 구성) 시–기업–혁신기관 등 민관협력 프로젝트 실행 공간으로 활용 (관람객 맞춤형 프로그램 제공) 6개의 프로그램 구성, 관람객의 선호에 따라 참여 가능
URL	http://www.amsterdamsmartcity.com

두 번째 형태는 도시 성과를 공유하는 공간이다. 암스테르담 스마트시티를 홍보하고 성과를 공유하는 것을 목적으로 하며 도시 내 2개의 공간(Marineterrein Innovation District, Epicentre Innovation House)을 활용해서 운영 중이다. 암스테르담은 관람객을 대상으로 총 6개의 투어 프로그램을 기획하여 관람객의 사전 선택에 따라 컨설팅·세미나와 같은 공론의 장을 제공하거나 체험랩, 혁신 솔루션 현장 등 실제 서비스가 운영되고 프로젝트가 추진되고 있는 공간을 방문하는 투어로 구성되어 있다. 두 번째 전시 형태를 통해 알 수 있듯이 암스테르담의 스마트시티는 참여형, 공개형, 협력형의 특징을 지니고 있다. 전시의 대상이 되는 스마트시티 성과 역시 현장에서 진행되는 스마트시티 프로젝트를 체험하는 것을 중심으로 이루어진 것으로 나타난다. 또한 투어 프로그램 유형을 다양화하여 관람객의 취향에 따라 성과 서비스 체험 중심, 정

책 공유 및 논의 중심 등을 선택할 수 있도록 운영한다는 점 역시 특징적이다.

스페인 바르셀로나_Barcelona Digital City

··· 바르셀로나 스마트시티 웹사이트

바르셀로나는 노후된 도시를 재개발하는 과정에 디지털 기술을 도입해 도시의 변화를 이끌어냈으며, 시민의 삶의 질을 높이기 위한 시민체감형 서비스를 지속적으로 진행하고 있다. 또한 매년 스마트시티 엑스포 월드 콩그레스Smart City Expo World Congress를 개최하여 전 세계 스마트시티 우수 도시의 정책과 기술 공유의 장을 제공하고 바르셀로나 스마트시티 성과를 공유하고 있다. 바르셀로나는 시민참여를 기반으로 도시재생 차원에서 스마트시티를 조성하는 전략을 추진 중이다. 전시관의 형태 역시 시민참여가 활발하게 진행되는 온라인 플랫폼과 시민이 직접 디지털 기술 개발 및 학습에 참여할 수 있는 디지털 공원이 운영되고 있다.

먼저, 온라인 플랫폼은 바르셀로나의 디지털, 스마트 정책을 소개하고 디지털 전환, 디지털 혁신, 디지털 강화를 주제로 추진되는 5G, 모빌리티, 디지털 행정, 디지털 교육, 디지털 화폐 등 분야별 세부 프로젝트의 추진현황 및 참여 방법을 안내한다. 각 프로젝트는 시민참여를 기반으로 추진되고 있으며 온라인 플랫폼 방문자들은 실시간으로 반영된 최신 프로젝트의 정보를 확인할 수 있다. 다음으로 바르셀로나 기술공원은 시민, 기업, 커뮤니티 등 바르셀로나 도시 내 활동 주체를 대상으로 디지털 교육을 제공하고 디지털 기술 개발을 지원하는 것을 목표로 조성되었다. 교육의 경우, 3D 프린터, 스캐너, 프로토타입 머신 등과 같이 디지털 제조업과 관련된 메이커 교육 그리고 디지털 신기술 교육으로 구성되어 있다. 전 세대의 디지털 리터러시 제고를 목표로 운영되는 프로그램이다. 기술공원에서 추진하는 교육 중 학생, 교사, 기술 관련 종사자 등을 대상으로 운영되는 교육은 바르셀로나 교육 컨소시엄과의 협력을 바탕으로 체계적인 기술 교육프로그램을 도입하여 시행되고 있다. 디지털 기업 지원의 차원에서 운영되는 기술 개발 지원 프로그램은 기술공원이 실증단지, 테스트랩의 역할을 수행하기 위해 마련한 것이다. 기술공원 건물 내에 기업이 실증 테스트할 수 있는 공간을 마련하여 운영 중이다.

구분	바르셀로나 디지털시티
국가 (도시)	스페인(바르셀로나)
주요 콘텐츠	(정책) 디지털도시 정책 및 전략 소개 (주제별 사업) 디지털전환, 디지털혁신, 디지털강화 정책 추진을 위한 세부 프로그램 (교육 및 체험) 시민, 커뮤니티, 기업이 참여할 수 있는 디지털 교육, 세미나, 기술 기반 메이킹 등 교육 및 체험 프로그램
특징	(실시간 업데이트) 뉴스 게시판, 블로그, 이벤트 캘린더를 통해 최신 동향에 대한 통합적·지속적·정기적 정보 제공 (시민·기업 지원 초점) 시민·커뮤니티 대상 디지털 교육 제공, 기업 대상 디지털 기술 개발 지원 콘텐츠 및 프로그램 구성
URL	http://ajuntament.barcelona.cat/digital/en

싱가포르_Singapore City Gallery

©싱가포르 관광청, 싱가포르 시티갤러리 내부

2014년 스마트 국가 정책Smart Nation Initiative 발표 후 국가 차원의 전략 프로젝트를 추진해 온 싱가포르는 세계적으로도 스마트시티에 가장 많이 투자하는 도시 중 하나다. 가상공간에서의 시뮬레이션을 기반으로 도시설계에 투입하는 디지털 트윈 환경을 구축한 점이 특징으로 싱가포르 도시개발청에서 운영하는 싱가포르 시티갤러리Singapore City Gallery가 대표적이다. 스마트시티라는 명칭은 없지만 싱가포르의 스마트시티 국가 정책과 주요 서비스를 한 눈에 확인할 수 있다. 싱가포르 갤러리는 지난 50년 동안 변화해 온 싱가포르의 도시개발 변천사를 중심으로 전시콘텐츠가 구성되어 있다. 다음으로 살펴볼 미국 뉴욕의 뉴욕시박물관과 유사한 형태이다. 싱가포르 시티갤러리는 싱가포르의 도시개발 정책 및 전략에 맞춰 변화해 온 도시 역사에 대한 전시, 도시계획 및 변화에 대한 정보공유 및 홍보 차원의 특별 프로그램, 도시기획 유관 커뮤니티가 참여할 수 있는 전시공간 대여 등 세 가지 형태로 구성 및 운영되고 있다. 전시물의 경우 혁신솔루션과 기술을 활용해 싱가포르 도시 변화를 담아낸 콘텐츠로 구성되어 있다. 특별 프로그램은 유관 기술·산업 분야를 학습하고 있는 학생(초, 중, 고, 대학생)을 대상으로 운영되고 도시개발환경 워크숍, 도시계획 페스티벌, 도시사절단City Ambassadors, 세미나 등 네 가지 유형이 있다. 관련된 전공의 대학생들은 워크숍 및 세미나에 참여해 싱가포르 도시계획과 도시발전 현황을 공유하고 도시계획 및 디자인을 실습하고 중·고등학생은 도시 서비스 프로토타입을 설계하고 제작해볼 수 있는 도시계획 페스티벌에 참여할 수 있다. 도시사절단은 싱가포르 갤러리에 방문하는 관람객들에게 갤러리의 주요 콘텐츠를 소개하는 역할을 담당한다. 그 외, 싱가포르 갤러리는 싱가포르 도시와 관련된 주제를 중심으로 도시설계, 건축, 조형 등 관계자들에게 무료로 전시공간을 대여하고 있다. 싱가포르 갤러리는 싱가포르의 국가 정책 및 성과를 공유하고 홍보하는 역할에 초점을 맞추어 전시콘텐츠를 구성하고 프로그램을 운영 중이다. 따라서 관람객의 참여 프로그램 역시 싱가포르의 도시발전 과정을 경험하고 성과를 논의하거나 학습할 수 있는 콘텐츠를 중심으로 구성되어 있다. 갤러리에서 제공하는 정보는 온라인 서비스로도 제공되며 보다 자세한 싱가포르 스마트 국가 정책과 서비스는 싱가포르 국가정보 통합사이트를 통해 실시간으로 제공된다.

구분	싱가포르 시티갤러리
국가 (도시)	싱가포르
주요 콘텐츠	(정책 및 전략) 혁신솔루션 및 기술 기반 국가 변천사 (참여형 프로그램) 스마트 국가 정책에 따른 도시계획 추진현황, 도시 변화 등에 대한 이해를 돕기 위해 학생을 대상으로 교육 프로그램 운영 도시개발환경 워크숍, 도시계획 페스티벌, 도시사절단(City Ambassadors), 세미나 프로그램 운영 (공간 대여) 1층과 3층에 도시 관련 주제를 담은 전시물을 게재할 수 있도록 공간 무료 대여
특징	(온라인 서비스 통합제공) 사업 설명·홍보 동영상을 통한 이해 증진, 관련 앱 다운로드까지 한 페이지에서 이루어지도록 내용 구성 (정보 및 성과 공유에 초점) 싱가포르에서 추진 중인 도시개발 정보, 스마트시티 추진 전략, 도시 변화에 기여한 성과에 초점을 맞춘 전시콘텐츠 구성 및 프로그램 운영
URL	http://www.ura.gov.sg/Corporate/Singapore-City-Gallery http://www.smartnation.sg

©뉴욕시박물관, 뉴욕시박물관 전경

2016년 스마트시티 엑스포 세계 총회에서 최고의 스마트시티로 선정되었던 뉴욕은 기술과 데이터를 활용해 도시문제를 해결하고 시민 삶의 질을 개선하는 대표도시가 되었다. 뉴욕은 시민이 신뢰할 수 있는 정책을 지속적으로 추진하고 데이터를 통해 객관적이고 과학적으로 도시문제를 규명하며 과감하고 자발적인 민간의 참여를 유도함으로써 성공적인 스마트시티로 평가받는다.

뉴욕의 스마트시티를 확인할 수 있는 공간은 뉴욕시박물관The Museum of the city of NY이다. 도시의 변천사를 중심으로 주제별 뉴욕 도시의 주제를 소개하는 전시 관람뿐만 아니라 체험, 교육프로그램 참여 등이 가능하도록 프로그램을 세분화하여 구성하고 있다. 전시 관람 콘텐츠의 경우, 종합적인 스마트시티 성과사례가 아닌 도시문제와 관련된 주제를 선정해 주제에 따라 변화한 뉴욕 도시의 역사, 관련 서비스에 대한 정보를 담고 있다. 체험의 경우, 관람객이 직접 도시 거리, 건물 등 도시를 구성할 수 있는 프로그램으로 구성되어 있다. 뉴욕의 스마트시티가 시민, 기업, 스타트업 등 민간 주체의 참여를 기반으로 추진되고 있다는 점을 반영한 체험프로그램이다. 마지막으로 교육프로그램은 교사, 학생, 커뮤니티, 가족 등 단체를 내상으로 선택적으로 신행되며 현장 방문을 포함한다. 교육프로그램의 주제는 뉴욕시에서 경험하게 되는 도시문제 정의 및 솔루션 발굴이다. 도시문제 해결 과정에 참여할 수 있는 기회를 제공하는 한편 시민의 다양한 의견을 취합할 수 있는 창구로 활용한다.

구분	뮤지엄 오브 시티 오브 뉴욕
국가 (도시)	미국(뉴욕)
주요 콘텐츠	(주제별 도시 역사) 전시관에서 선정한 주제 관련 뉴욕의 과거, 현재, 미래 조명 (체험 프로그램) 관람객이 주어진 디지털 콘텐츠, 메이킹 재료를 활용해 뉴욕을 설계하는 체험 콘텐츠 제공 (교육 프로그램) 도시 문제 정의 및 솔루션 발굴 과정을 경험할 수 있도록 토론, 세미나 등 구성
특징	(체험 서비스 특화) 관람객이 직접 도시를 조성할 수 있도록 체험 서비스 제공 (리빙랩 콘텐츠 활용) 교육 프로그램 운영 시 리빙랩 운영 방식을 차용하여 시민 참여기반 도시 문제 해결 유도
URL	http://www.mcny.org

미국 콜럼버스_Smart Columbus Experience Center

©콜럼버스시, 스마트 콜럼버스 체험관 전경

미국 콜럼버스는 2016년 미국 연방교통부가 주최한 스마트도시 공모에 선정된 후 스마트 모빌리티를 통한 도시 개선을 목표로 '스마트 콜럼버스' 프로젝트를 시행 중이다. 콜럼버스는 스마트 콜럼버스 프로젝트의 일환으로 콜롬버스 커넥티드 교통네트워크Columbus Connected Transportation Network, 데이터의 통합 공유, 이용자 서비스 개선, 전기차 인프라 조성 등의 사업을 추진하고 있다. 이를 통해 주거지구, 상업지구, 도심지구, 물류지구 등 4개 권역에서 안전성, 이동성, 경제활동의 기회 제공, 기후변화에 대응에 대한 긍정적인 효과를 기대하고 있다. 콜럼버스는 2016년 이래 추진해 온 스마트 콜럼버스 프로젝트의 성과 공유 및 세부 사업을 통해 발굴한 기술 및 서비스의 테스트베드, 시민체험을 위해 2017년 스마트 콜럼버스 체험관Smart Columbus Experience Center을 개소했다. 스마트 콜럼버스 체험관은 시민이 직접 배우고, 경험하는 콘텐츠에 중점을 두고 구성되어 있다.

체험관의 콘텐츠는 크게 세 가지로 정책·전략 및 서비스에 대한 정보 제공, 신기술을 탑재하고 시범 운영 중인 교통수단 탑승 및 운행 체험, 모빌리티 주제의 이슈 논의·정보 공유·프로젝트 협업 등을 진행할 수 있는 코워킹 공간(세미나실, 회의실, 작업실 등) 제공으로 구성되어 있다. 스마트 콜럼버스 체험관은 타 국가나 도시의 전시관과 달리 특정 스마트 분야에 특화되어 있다는 점이 특징이며, 체험관이라는 명칭에서 알 수 있듯이 관람객이 직접 체험하고 참여할 수 있는 콘텐츠를 중심으로 구성되어 있다. 따라서 당초 체험관의 설립 목적과 같이 체험관에 방문하는 관람객은 스마트 콜럼버스 프로젝트가 시민의 아이디어와 의견을 반영하여 참여형 프로젝트로 추진된다는 인상을 받을 수 있다.

구분	스마트 콜럼버스 익스피리언스 센터
국가 (도시)	미국(콜럼버스)
주요 콘텐츠	(정책 및 전략) 스마트 콜럼버스 주요 정책, 추진 전략, 모빌리티 프로젝트 등 소개 (스마트 서비스) 스마트 모빌리티 분야의 주요 서비스 소개, 최신 기술 기반의 교통수단을 통해 도시가 어떻게 변화하는지 영상, 모형 등 정보 제공 (주행·탑승 체험) 수소·전기차 탑승, 주행 기회 제공 (교육·코워킹 스페이스 기능) 대중 대상 모빌리티 정책·기술 교육, 관련 정보 공유를 위한 논의의 장(세미나, 컨퍼런스, 작업실 등) 제공
특징	(스마트 모빌리티 특화) 콜럼버시의 특화 분야인 스마트 모빌리티에 초점을 맞춰 전시관 구성 및 체험 프로그램 구성 (체험 프로그램 중심) 관람객의 요청에 따라 신기술 기반 운송수단에 탑승하거나 주행할 수 있는 체험 프로그램 제공 (협업공간 제공) 스마트 콜럼버스 프로젝트 추진 공간으로 활용
URL	http://smart.columbus.gov

에스토니아_E-estonia

에스토니아는 디지털 신기술을 기반으로 전자정부 시스템을 도입하여 전체 정부서비스의 99%를 온라인에서 이용할 수 있도록 혁신적인 행정 서비스를 지원하고 있다. 전자신분증을 활용한 디지털 서명을 통해 투표, 납세 등 행정 서비스 편의를 제공함으로써 정부 예산의 불필요한 행정비용을 절감하고 국가 내에 스마트시티 서비스가 확산되는 데 크게 기여하고 있다. 에스토니아는 지난 2009년 'e-에스토니아' 전시관을 구축하고 상기와 같은 에스토니아 전자정부 추진현황, 성과사례 등을 전시 중이다. 단순한 성과사례 전시 및 홍보를 넘어서 도시 주체(기업, 연구기관, 시민 등)의 혁신 협력·지원을 위한 네트워킹 무대를 제공하는 역할을 수행하고 있다. 관련하여, 스마트시티 유관 국제회의, 글로벌 컨퍼런스, 세미나 등 개최하여 글로벌 혁신 주체의 방문을 확대하는 것으로 나타난다. 전시관의 주요 콘텐츠는 다음과 같다.

먼저, 에스토니아 전자정부의 추진전략 및 정책을 소개하는 정책 파트가 있다. 에스토니아는 디지털 에스토니아(E-estonia) 추진전략을 기반으로 전자정부 서명 등의 프로젝트를 추진해오고 있다. 정책기반 프로젝트는 세금 신고의 95% 이상 디지털 방식 납부, 정부 서비스 99% 전자서명 완료 등의 성과를 이뤄냈다. 전시관에는 상기 정책 및 성과를 확인할 수 있는 콘텐츠가 구성되어 있다.

다음으로 각 프로젝트를 통해 제공 중인 디지털, 스마트시티 서비스를 직접 체험할 수 있는 체험공간이 조성되어 있다. 체험공간에는 e-거버넌스, 행정, 모빌리티, 사회안전, 의료, 교육 등 분야별 서비스가 소개되어 있다. 행정 분야에서는 전자신분증, 전자 부동산등기시스템 그리고 사회 안전 분야에서는 블록체인 기술기반 KSI, e-Law 등의 서비스를 체험할 수 있다.

에스토니아 전시관은 기본적인 정부 정책 및 서비스를 소개하는 것 외에 글로벌 도시관계자가 방문할 수 있도록 국제회의, 컨퍼런스, 세미나 등을 개최하여 행사를 지원하는 것에서 그 특징이 파악된다. 이와 관련하여 에스토니아의 글로벌 전략을 통해 운영목적을 엿볼 수 있다.

에스토니아는 전자시민증 발급 정책을 추진 시, 해당 국가 내의 국민만을 대상으로 하는 것이 아니라 해외의 주요 국가, 도시의 거주민에게도 자유로운 발급이 가능케 했다. 이는 글로벌 인바운드를 통한 국가 경쟁력 강화를 염두에 둔 전략이다. 에스토니아 전시관 역시 동일한 전략에 따라 글로벌 관계자들의 국내 유입 및 활동을 목적으로 운영됨을 알 수 있다.

구분	E-에스토니아
국가 (도시)	에스토니아
주요 콘텐츠	(정책) 에스토니아 전자정부 추진 전략 및 정책 소개 (분야별 서비스) e-거버넌스, 행정, 모빌리티, 사회안전, 의료, 교육 등 분야별 서비스 소개 ※ 행정 : 전자신분증, 전자부동산등기시스템 등 ※ 사회안전 : 블록체인 기술기반 KSI, e-Law 등
특징	(도시주체 간 네트워킹 제공) 국내·외 스마트시티 유관 기업 간 회의장소 제공, 스마트시티 관련 국제회의, 전문가 간 국제 컨퍼런스, 세미나 등 행사개최 지원
성과	방문객 52,000명, 방문국가 130개국, 초청행사 4,000건
URL	http://e-estonia.com/showroom

이처럼 여러 국가와 도시의 스마트시티 홍보 플랫폼 운영 현황을 살펴보면 홍보 콘텐츠는 주로 지역의 스마트시티 정책을 기반으로 추진되고 있는 서비스로 구성되어 있었다. 세부 콘텐츠와 플랫폼 형태는 국가나 도시마다 차이가 있는데 암스테르담과 바르셀로나는 시민이 직접 참여하여 프로젝트를 추진하는 공간으로 활용하고 있다. 싱가포르는 정부 정책 및 프로젝트를 공유하는 공간으로 활용하고 있는 것으로 확인된다. 콜럼버스는 실증 중인 서비스 기술을 시민이 체험하고 논의할 수 있는 공간으로 활용하고 에스토니아는 국내·외 관람객이 방문하여 에스토니아의 혁신 사례를 공유할 수 있는 생태계 무대로 공간을 활용하는 것으로 나타난다.

오프라인에 조성된 홍보 플랫폼은 스마트시티 생태계 주체 간의 협력을 확대하기 위해 운영되고 있었다. 암스테르담은 전시관 내 시민협력 프로젝트 추진 공간을 마련해 도시 내 민관협력 및 시민협력 기반을 제공하고 있다. 또한 웹사이트에 협력사업과 관련된 정보를 공유하고 시민의 지속적인 참여를 유도하고 있다. 암스테르담을 비롯한 시민 참여 프로그램을 운영하는 전시관은 프로그램을 통해 서비스를 테스트하고 시민들의 의견을 반영한 서비스를 창출하는 리빙랩Living Lab의 역할을 수행한다. 여기에서 리빙랩이란 2004년 미국 MIT의 윌리엄 미첼 교수가 처음 제안한 개념으로 시민들이 직접 지역의 문제점을 제시하고 고민하면서 해결방안을 만드는 과정을 뜻한다. 에스토니아의 경우 글로벌 도시 활성화를 목적으로 포럼, 컨퍼런스, 세미나 등 행사개최를 위한 장소를 제공하고 국제적인 스마트시티 행사에 참가해 인지도를 확대하고 있다. 오프라인에 조성된 홍보 전시관은 단순히 성과를 홍보하는 역할 뿐만 아니라 도시 내부적으로 스마트시티 생태계 내 주체 간 협력을 지원하고 외부적으로는 해외 도시관계자와의 교류를 촉진하는 플랫폼 기능을 하고 있다. 국내에서도 대도시를 중심으로 스마트시티 전시관이 운영되거나 계획되고 있는데 해외사례를 참고해 정부와 지자체, 국내·외 관계자, 기업, 시민 등 다양한 부류의 이해관계자 사이에 소통과 협력이 창출되는 공간으로 활용되길 기대해본다.

구철모 경희대 컨벤션경영학과 교수
: 지역을 살리는 스마트 관광도시

경희대 호텔관광대학 컨벤션경영학과에서 부교수로 재직 중이며 영국의 University of Surrey에서 방문연구원으로 활동하고 있다.

University of Minnesota, MIS Research Center에서 포닥 연구원과 Marshall University 경영학과, 조선대학교 경영학부에서 MIS 전임교수로 재직했다. 스마트관광과 컨벤션 산업과 관련한 다양한 연구를 진행하고 있으며 각종 논문상을 비롯해 2018년 경희대의 '경희 펠로우'에 선정되는 등 연구성과를 인정받고 있다.

Q1 스마트 관광의 특징은 무엇인가요?

스마트시티는 정보통신기술을 기반으로 도시에서 발생하는 다양한 문제를 해결함으로써 편리하고 쾌적한 도시 환경을 조성하지만 주로 도시의 거주민을 대상으로 하기 때문에 관광객의 급속한 유입에 따른 문제는 해결하기 어렵다. '스마트 관광도시'는 거주민과 관광객의 조화로운 삶을 지향하면서 공공시스템을 거주민뿐만 아니라 관광객을 위해 활용하도록 조성된 도시를 뜻한다. 초기 단계에 스마트관광이 정보통신기술을 기반으로 관광객의 정보 접근성을 높인 것이라면 최근에는 여러 모바일앱이 수요자의 위치 정보를 활용한 맞춤형 정보를 제공하고 예약과 결제까지 지원하면서 다양한 공유경제 플랫폼 모델이 생겨났다. 스마트시티와 스마트관광은 상호보완적인 관계로 4차 산업혁명 환경에서 스마트관광의 핵심은 융합Convergence와 연결Connectivity로 규정할 수 있다. 이 과정에서 사람과 사물, 사물과 사물이 인터넷 통신망을 통해 연결되는 초연결성, 방대한 데이터를 분석해 일정한 패턴을 발견하는 초지능성, 마지막으로 분석 결과를 토대로 관광객의 행동을 예측하는 예측 가능성이 4차 산업혁명 시대에서 스마트관광의 가장 큰 특징이라고 할 수 있다.

Q2 지역 활성화 관점에서 스마트 관광도시 구축을 위한 당면과제는 무엇인가요?

크게 세 가지 정도로 요약될 수 있다.

첫째, 지역 축제나 스포츠 이벤트, 컨벤션과 같이 각종 행사와 연계해 스마트관광 홍보를 강화하는 것이다. 강원도가 평창동계올림픽 준비과정에서 다양한 기반시설을 확충하고 SNS 등 온라인을 중심으로 대회 기간에 제공되는 스마트관광 서비스(5G, UHD, IoT, VR, AR, AI 등)를 집중적으로 홍보한 것이 좋은 사례이다.

둘째, 관광객의 접근성을 향상시키는 것이다. 대중교통 시스템을 충분히 확충하고 교통 관련 모바일앱으로 관광객의 편의를 도모해야 한다. 차량공유 서비스를 활용해 자가 차량 없이도 여행의 이동성도 높일 필요가 있다. 주요 관광지와 대중교통에 무료 와이파이를 설치하고 언제 어디서나 인터넷에 접속할 수 있는 환경을 조성해야 한다. 이를 통해 수집된 정보로 관광객의 행태를 분석하고 홍보와 마케팅에 활용할 수도 있다. 이러한 관광객 중심의 서비스에 외국인 관광객도 예외일 수 없다.

셋째, 관광콘텐츠의 스마트화이다. 관광콘텐츠의 경쟁력을 높이려면 보고, 먹고, 즐기고, 자고, 다니는 관광의 5대 요소와 스마트관광을 결합해야 한다. 먼저 보는 것의 경우 VR이나 AR을 통해 수요자에게 흥미를 끄는 컨텐츠를 더욱 개발해 나가야 한다. 또한 음식에 있어서는 음식점에서 외국어 메뉴와 음식에 대한 동영상을 제공하여 외국 관광객의 접근성을 높이는 것이 필요하다. 다음으로 즐길거리의 경우 강원도의 천연 자연자원인 산, 바다, 둘레길, 숲과 자연휴양림 등을 적극적으로 홍보하되 다양한 언어로 해당 서비스를 제공하는 섬세한 배려가 필요하다. 숙박의 경우 에어비앤비의 합법화와 협업을 통해 보다 다양한 숙소를 제공함과 동시에 현지 지역 주민의 집에 거주하는 이색 경험을 제공할 수 있도록 노력해야 한다. 마지막으로 교통 부문에서는 대중교통 안내시스템의 설치 확대와 외국인의 택시이용을 돕기 위한 통역 어플리케이션 보급 등을 고려해 볼 수 있다.

Q3 코로나19 이후 스마트 관광도시는 어떻게 변화될까요?

코로나19로 관광산업은 그야말로 직격탄을 맞았다. 포스트 코로나 시대에 스마트 관광도시는 온라인 포맷으로의 전환이 더 빠르게 나타날 것으로 본다. 이렇게 변화 속에서 더 중요해지는 가치는 바로 자동화와 창의성이다. 경주를 여행하기 위해 서울에서 KTX를 타고 이동하는 동선 곳곳에서 모바일과 인터넷, 옥외매체를 통해 경주에 대한 정보를 제공하고 경주의 특산물을 활용한 먹거리나 기념품, 관광 체험상품을 판매까지 한다면 어떨까? 천년고도 문화 관광지 경주가 기존의 방식으로 사람들의 방문을 유도하는 데 실패한다면 IT를 통한 자동화와 창의적인 관광콘텐츠로 경주에 대한 매력을 느끼고 직접 방문까지 이어질 수 있도록 만들어야 하는 것이다.

이를 위해 정책 측면에서도 데이터와의 결합이 필요하다. 기업 내부에 보유 중이거나 개방 가능한 데이터를 관광 정책과 결합해 관광산업 육성을 위한 지원 정책을 마련하는 것이다. 카드, 통신, 관광 등 데이터를 기반으로 관광객 편의를 도모하고 산업 발전을 위한 정책을 마련해야 한다. 기술 측면에서는 가용한 스마트 기술을 관광 분야에 적용해야 한다. 관광 관련 모바일앱이나 언택트와 같은 시장 트렌드를 반영하면 관광객의 만족도를 높이고 편의를 도모할 수 있다.

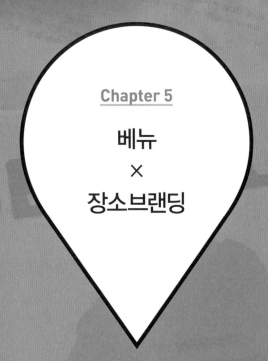

Chapter 5

베뉴
×
장소브랜딩

01

지금은
베뉴 경쟁시대

    베뉴 Venue를 사전에서 찾아보면 공연, 스포츠 경기, 회담 등 행사가 열리는 장소라고 설명하고 있다. 최근에는 복합문화공간이라는 의미로 해석되지만, 베뉴는 공간적 개념보다 특정한 목적을 갖고 방문하는 목적지 Destination의 성격이 강하다. 그래서 베뉴는 구체적 목적을 가지고 사람들이 모이는 장소를 뜻하는 것이다. 이형주 링크팩토리 이사의 말에 따르면 베뉴는 '인간이 어떻게 살았고, 어떻게 살며, 어떻게 살 것인지 경험을 제공하는 장소'를 뜻한다. 베뉴를 공간이 아니라 장소라고 한 이유는 목적지의 개념을 내포하고 있기 때문이다. 즉, 개인이 의도한 것을 실행하기 위한 장소가 베뉴이고 과거로부터 현재를 지나 미래로 연결되는 경험적 장소인 것이다. 인류의 역사에서 보면 가장 대표적인 베뉴는 아테네의 파르테논 신전, 로마의 콜로세움 등이 있다. 그리스와 로마 문명을 대표하는 상징적인 건축물이자 관광명소로 전 세계 관광객들의 발길이 끊이지 않는다. 국내에도 역사적으로 유명한 베뉴들이 있었다. 경주에 가면 규모나 사격寺格에 있어 신라 제일의 사찰인 황룡사지가 있다. 지금은 터만 남아있지만, 신라 시대에는 국가의 주요 행사가 열렸고, 조선 시대에는 지금도 서울의 중심이자 대한민국의 중심역할을 하는 광화문 등 고궁들이 핵심 베뉴로서 기능을 해왔다.

베뉴의 유형

우리가 로댕의 생각하는 사람을 보려면 리옹 미술관에 가야 하고 모나리자를 만나려면 루브르 박물관으로 가야 한다. BTS를 만나려면 공연장으로, 디즈니 세상을 느끼려면 디즈니랜드로 가야 한다. 그리고 미래의 자동차를 미리 만나고 싶으면 모터쇼가 열리는 전시장으로 가야 한다. 즉, 이 모든 베뉴들이 바로 목적지가 된다. 작품 관람, 쇼핑, 스포츠 경기, 공연, 전시 등 베뉴가 가진 고유의 역할을 하면서 과거와 현재, 그리고 미래의 삶을 경험하고 체험할 수 있는 모든 장소가 바로 베뉴인 것이다.

베뉴가 인간의 과거와 현재, 미래를 만나는 장소라고 한다면 구체적으로 어떤 베뉴들이 있을까?

첫째, 인간이 어떻게 살았는지 과거를 보여주는 장소는 박물관과 미술관이다. 기억을 통해 과거에서 현재를 보고, 미래를 통찰할 수 있는 곳이다.

둘째, 인간이 살아가는 장소에 만들어진 문화·상업시설이다. 쇼핑몰, 테마파크, 경기장, 공연장 등은 예술과 스포츠, 쇼핑, 엔터테인먼트를 즐기며 일상에서 벗어나 삶을 풍요롭게 만든다.

셋째, 인간이 어떻게 살 것인지에 대한 고민을 실체로 보여주는 장소가 있다. 바로 미래의 신기술이나 제품, 서비스를 전시하는 컨벤션센터이다. 코엑스, 킨텍스, 벡스코와 같은 컨벤션센터는 산업전시와 컨벤션, 이벤트 등 마이스 행사를 통해 미래의 모습을 한걸음 먼저 제시하는 장소이다.

이처럼 베뉴들은 과거−현재−미래 순으로 삶의 궤적을 따라 다르게 존재하지만, 인간에게 새로운 경험과 체험으로 통찰을 제공한다는 공통점이 있다.

살았고(Past life)	박물관, 미술관
살며(Present life)	쇼핑몰, 테마파크, 경기장, 공연장
살 것인지(Future life)	컨벤션센터

©이형주, 시간적 배경에 따른 베뉴의 종류

베뉴는 우리 주변에서 다양한 형태로 진화하고 있다. 오래된 폐공장을 개조해 만든 카페가 저녁에는 모던바로 변신하고 주말에는 스몰웨딩을 원하는 신랑, 신부의 예식장이 되기도 한다. 낮에 예술작품을 전시했던 갤러리가 저녁이 되자 공연장으로 바뀌는가 하면 복합적 요소가 어우러져 예술과 스포츠, 쇼핑, 엔터테인먼트를 즐기며 도심 속 오아시스 역할을 하는 곳이 많아졌다. 이런 베뉴들은 단조로운 일상에서 벗어나 삶을 더 풍요롭게 만든다. 그럼 기존의 베뉴와 마이스 산업에서 주로 언급되는 유니크 베뉴의 차이는 무엇일까? 일반적으로 베뉴가 컨벤션센터, 호텔, 문화·상업시설 등 행사를 위한 전문시설을 의미한다면 유니크 베뉴는 그곳에서만 경험할 수 있는 특별하고 색다른 분위기를 체험할 수 있도록 행사의 차별성을 높일 수 있는 장소라고 할 수 있다. 행사의 성격에 맞는 차별적인 매력을 참가자들에게 전달할 수 있어 유니크 베뉴에 대한 관심이 높아지고 있다. 그러나 기존의 베뉴이든 유니크 베뉴이든 그 명칭을 떠나 중요한 것은 그 장소가 사람들에게 어떤 가치를 제공하는가 하는 것이다. 실제 기능과 운영방식이 유사하기 때문에 목적에 맞는 베뉴를 활용해야 홍보와 마케팅 성과도 높일 수 있다.

상업공간으로 눈을 돌려보자. 마케팅의 대부 필립 코틀러Philip Kotler 는 소비자가 구매 결정의 최종 단계에서 영향력을 미치는 가장 큰 요인이 구매지에서의 체험이라고 말했다. 고객이 상품을 구매하기로 결정하는 진실의 순간MOT: Moment of Truth은 미리 구매리스트를 머릿속에 담아오는 것보다 구매 접점에서의 감정과 기분이 더 큰 영향을 미친다는 것이다. 그래서 매장은 단순히 물건을 구매하거나 먹기 위한 공간을 넘어 즐기고 체험하며 만족을 얻기 위한 공간이 되고자 한다. 온라인 쇼핑, 홈쇼핑 등 비대면 쇼핑이 증가하는 추세 속에서 오프라인 매장은 필요한 물건을 구매하고 체류시간을 늘려 즐거운 경험을 제공하는 공간으로서의 기능이 중요해지는 것이다. 오프라인 매장에서의 즐거운 경험은 브랜드에 대한 밀착도를 높여 선호도와 구매 욕구를 높일 수 있는 수단이기 때문이다.

이제 공간은 판매를 위한 장소가 넘어 브랜드의 가치를 심어주는 곳이다. 고객과의 접점 공간으로 비즈니스의 이미지를 구축하거나 그 공간의 이미지를 통해 브랜드의 가치 경험을 확장, 관리하는 활동이 이루어지는 곳이다. 이러한 공간은 내부에 구성된 콘텐츠의 소비와 경험을 통해 구매 행동에 영향을 미치기 때문에 브랜드를 좋아하는 고정팬을 만들기 위한 플레이그라운드 즉, 놀이터가 되어야 한다. 그리고 이 놀이터에서 놀다가 사가는 기념품이 바로 브랜드의 상품이 되는 것이다.

　세계적으로 급성장하고 있는 아이웨어 전문 브랜드 젠틀몬스터는 체험공간으로서의 매장을 표방하는 대표적인 브랜드다. 젠틀몬스터 매장을 가보면 세 가지 콘셉트를 일관되게 구현하고 있다. 기이한 아름다움 Weird beauty, 예측 불가능함 Unpredictable, 그리고 인식 Perception 이다. 매장마다 동일한 인테리어나 매장 콘셉트를 적용한 곳이 없다. 서로 다른 테마의 콘셉트와 스토리가 있다. 가령 홍대의 플래그십 스토어는 13월이라는 콘셉트로 기후변화로 지구에 운석이 마구 떨어지고 13월까지 생긴 미래의 어느 날, 사람들이 변화된 환경에 적응해가며 12월까지 있던 과거를 그리워하는 모습을 다루고, 신사동 팝업 스토어는 블랙핑크 제니와의 콜라보로 인형의 집을 모티브로 한 판타지를 그리는 콘셉트이다. 베뉴를 비즈니스 브랜딩의 핵심 플랫폼으로 삼고 장소브랜딩을 도전적으로 진행한 젠틀몬스터는 현재까지 젠틀몬스터 스타일을 유지, 변화, 확장하면서 2019년 매출액 2,980억, 최근 5년 동안 5배 성장한 기업이 되었다.

　대형 복합쇼핑몰의 경우는 어떨까? 스타필드와 같은 복합쇼핑몰은 다양한 콘셉트와 주제로 고객들에게 다양한 체험을 제공하고 있다. 코엑스 아래층에 위치한 스타필드 코엑스몰은 지하철역과 전시장 사이 보행 동선의 핵심 위치에 별마당 도서관을 조성했다. 이곳에는 색다른 도서관을 경험하기 위해 온 사람들이 책을 보고 쇼핑도 즐긴다. 이러한 공간은 사람들을 모이게 하고 오랫동안 머물게 하는 효과가 있어 상권 활성화에 도움을 주는 클러스터 효과를 가져온다. 쇼핑을 하기 위해 방문한 것이 아님에도 도서관에 책을 보러 왔다가 주변 상점도 둘러보게 되고 마음에 드는 상품이 있으면 쇼핑도 하게 되는 것이다.

　이처럼 여러 시설들이 결합되어 있는 쇼핑 공간은 고객의 다양한 니즈를 만족시키기 때문에 시너지 효과가 극대화된다. 쇼핑몰뿐만 아니라 최근에 지어진 주상복합건물의 상업시설들의 경우도 이처럼 클러스터의 형태를 갖추고 있다. 수원 광교의 엘리웨이와 화성 동탄의 레이크꼬모처럼 먹거리와 다양한 문화를 즐길 수 있도록 트렌드를 접목한 상가가 부동산 시장에서 관심을 받고 있다. 온라인 기반 회사들도 오프라인 매장을 운영하는 사례가 늘어나고 있다. 오프라인을 브랜드 체험의 접점으로 활용하는 것이다. 세계 최대 전자상거래 기업인 아마존은 오프라인 매장인 아마존북스를 함께 운영한다. 아마존북스는 미국에서 각 도시의 번화가에 매장을 입점해 책을 판매하고 매장 내부의 한쪽 공간을 디지털 전시관으로 꾸며 킨들, 아마존파이어, 아마존 에코 등 자사만의 디지털 문화를 오프라인에서 경험할 수 있도록 하고 있다. 해외에만 170여 개 매장을 확보한 의류브랜드 '스타일난다' 역시 온라인으로 판매를 시작해 오프라인으로 매장을 넓히며 글로벌기업으로 성장한 사례다.

사람들의 마음속에 하나의 브랜드가 자리 잡는 것은 이성보다 감성이 더 크게 더 크게 작용할 때가 많다. 수천 년 전 아리스토텔레스는 플라톤에게 이런 말을 했다.

"마음에 호소하는 것은 머리에 호소하는 것보다 강하다.
머리에 호소하면 사람들이 고개를 끄덕이게 할 수 있지만,
마음에 호소하면 사람들을 지금 당장 움직이게 할 수 있다."

현재도 이 진리는 변한 것이 없다. 사람의 심리를 파고 드는 본질적인 것은 쉽게 변하지 않기 때문이다. 고객의 마음에 호소한다는 브랜딩의 목표 또한 변하지 않았다. 변해 가는 것은 실행의 방식이다. 산업화 시대에는 제품 자체의 특성으로 고객의 마음을 움직였고 정보화 시대에는 이미지로 마음을 움직였다면 현재는 스토리가 있는 체험이 고객의 마음을 움직이는 시대이다. 체험은 고객이 브랜드에 애착을 갖도록 만들고 즐거움과 만족감을 주어 러브마크Lovemarks를 만드는 일등공신이다. 경제 규모가 커질수록 사람들은 소유를 넘어 더 풍부한 경험을 원한다. 내가 더 멋지게 준비하고 있다며 뽐내듯 경쟁하는 베뉴가 늘어나고 있는 지금, 고객이 누릴 수 있는 흥미로운 경험을 적재적소에 제공하는 베뉴가 브랜드 마케팅 활동의 성패를 가르는 차별화 전략이다.

체험마케팅의 힘

1980년대 초반에서 2000년대 초반 출생한 세대를 일컫는 밀레니얼 세대. 온라인의 영향력이 커진 세상이어도 취향의 폭이 넓은 밀레니얼 세대일수록 오프라인의 체험을 온라인으로 공유·확산하려는 경향이 뚜렷하다. 브랜드의 체험은 고객이 몸소 체득하는 그 자체가 목적이 되기도 한다. 브랜드를 체험한다는 것은 눈에 보이지 않는 무형의 브랜드를 오감으로 느낄 수 있도록 실체화했을 때 훨씬 더 기억이 오래 남는다. 그래서 백 번 듣고 보는 것보다 한 번의 직접체험이 효과적인 것이다.

대형마트를 살펴보자. 시식코너가 마트에서 구매를 유도하는 효과는 어떤 체험보다 강력하다. 고객들은 무엇인가 대접을 받으면 다시 무엇인가를 주어야 할 것 같은 심리 즉, 마중물 효과로 인해 충동구매를 하게 되는 것이다. 시식뿐만 아니라 옷은 입어보게 하고, 화장품은 샘플을 사용해보도록 하고, 자동차는 시승해보도록 하는 등 체험하게 함으로써 구매확률을 높일 수 있다. 과거의 매장은 단순히 판매를 목적으로 했다면 현재는 판매와 체험 이상의 경험을 위한 공간으로 활용되고 있다. 판매하는 상품을 체험할 수 있는 공간을 별도로 만들거나 전시를 통해 스토리텔링 하는 것이다. 서점이 책을 사기만 하는 공간이 아니라 편안히 머물며 읽고 싶은 책을 훑어보고 구매할 수 있도록 매장 곳곳에 의자와 테이블을 배치한 경우, 화장품 브랜드 매장에서 자사 제품의 우수성을 알리기 위해 스파를 운영하며 제품을 체험하게 하는 경우가 대표적이다. 일정 기간 플래그십 스토어나 안테나숍 개념으로 공간을 임대해 브랜드를 체험할 수 있도록 선보이는 경우도 있다. 제품을 체험하게 하는 것은 브랜드에 대한 신뢰와 애착을 갖도록 한다. 알리바바가 온·오프라인을 결합한 형태로 만든 매장 '하마선생'은 최첨단의 끝판왕이라 불릴 정도로 현금이 없는 결제나 총알배송으로 많이 알려져 있다. 수산물 시장과 레스토랑을 결합한 형태로 매장을 운영하면서 원재료를 보여주는 레스토랑이 국내에도 강남을 중심으로 벤치마킹 되기도 했다. 체험이 원재료에 대한 불신을 없애고 보는 즐거움을 주면서 다른 매장과 차이를 만든다. 일본의 '아코메야'는 쌀가게라는 콘셉트로 주문 제작된 쌀을 팔고, 시식과 유사한 형태의 식사까지 팔면서 반찬 판매도 연계하고 있다. 쌀이라는 재료에 대한 고객의 호기심과 체험을 통한 고객의 신뢰가 다양한 취향과 결합해 만들어진 새로운 매장이다. 이와 같이 체험은 판매하는 순간에 필요한 것이 아니라 고객을 팬으로 확보하고 영속하는 브랜드를 위해 필요한 방법이다.

그러나 아직까지 체험이 단순히 편의와 휴식을 위한 공간에 머무는 곳이 많다. 고객의 체험이 구매를 위한 공간과 별도의 편의 공간을 제공하는 수준에 그치는 것이다. 고객이 체류하는 것보다 고객이 사고 가는 것 자체에 몰두하면 고객의 유입에 한계가 생긴다. 고객이 사고 가는 것보다 가능한 장시간 체류하도록 하는 것이 결과적으로는 제품 판매와 브랜드 인지도 향상에 도움을 준다. 스토리텔러였던 판매 직원을 줄이며 무인상점을 운영하는 일도 많아지고 있다. 고객의 체험과 편의와는 무관하게 인건비 절감을 위한 자본주의의 비용 논리가 적용된 것이다. 그러나 롱런하는 브랜드가 되기 위해서는 고객의 직접 체험을 통해 브랜드에 대한 러브마크를 심는 과정이 필수적이다. 이것이 선행되지 않은 상태에서의 무인화는 고객 체험의 기회를 상실해 브랜드가치의 하락과 매출 감소로 이어질 가능성이 크다. 파는 제품이 적고 규모가 작을수록 체험을 통해 고객에게 차별화된 브랜드 정체성을 인식시켜야 한다. 규모가 큰 매장을 만들고 인테리어와 사이니지 Signage에 많은 돈을 들이기 전에 고객에게 전달하려는 가치가 무엇인지 체험을 통해 고객이 머무는 시간을 지속적으로 확보하기 위한 방법에 대해 고민해야 한다.

일상 속 문화 체험을 통한 장소브랜딩

사람들을 끌어들이는 매력적인 장소를 만들기 위한 무한경쟁의 시대에 문화콘텐츠는 장소브랜딩의 핵심 요소이다. 유네스코 창의도시로 지정된 세계의 도시들은 그 도시만의 독특한 문화콘텐츠를 보유하고 있고 세계의 기술 혁신을 이끄는 미국의 뉴욕과 실리콘밸리도 문화예술 자산이 지역 내에 산재해 있다. 도시뿐만 아니라 도시 내의 상업시설도 예외는 아니다.

문화예술과 비즈니스를 결합해 부가가치를 창출하는 모델은 대형 쇼핑몰이나 백화점에서 나타나는 세계적인 추세가 되고 있다. 아시아권에서는 홍콩과 상하이에 위치한 'K11'이라는 쇼핑몰이 대표적인데 아트갤러리와 쇼핑몰을 결합해 새로운 명소로 탄생시킨 곳이다. K11의 설립자인 에이드리언 쳉鄭志剛 은 세계적인 예술가들의 작품을 모으는 컬렉터로 유명하다. 그는 수집한 작품을 창고에 넣어두지 않고 쇼핑몰 공간에 전시하는데 단순히 쇼핑 공간이 아니라 예술작품을 감상할 수 있는 갤러리로 운영하며 건물 구석구석에 배치해 K11을 방문하는 누구나 자연스럽게 현대미술을 접할 수 있도록 만들었다. K11은 상품을 판매하는 단순 쇼핑몰이 아니라 즐길거리가 가득한 미술관으로 바꾸면서 기업이익을 얻고, 그 이익으로 예술가들을 후원하는 선순환 구조를 이루고 있다. 이처럼 지역을 대표하는 상업공간에 예술작품을 활용하는 이유는 명품 브랜드 못지않게 어마어마한 상품 가치를 갖고 있는 것이 예술작품이기 때문이다. 이러한 예술작품들은 귀중한 관람 경험을 제공하면서 고객들로 하여금 브랜드가 추구하는 가치와 예술작품과 가치를 동일시 하도록 만든다. 예술작품이 소비의 최일선에 놓이며 미술관이 아닌 일상에서 자연스레 접할 수 있도록 한 K11의 전략은 새로운 도시의 미래상을 보여준다. 명품만이 브랜드가 되는 것이 아니라 예술의 옷을 입은 공간 자체가 브랜드가 될 수 있는 것이다. 고객들은 작품을 감상하며 공간의 품격과 분위기를 느끼고 이는 자연스레 소비로 이어지면서 긍정적인 영향을 미친다.

필립 코틀러가 그의 저서 《뮤지엄 마케팅Museum Marketing》에서 모든 공간이 고객의 여가시간을 두고 경쟁한다고 말했듯이 현대인들은 한정된 여가시간을 최대한 알차게 보내려다 보니 가능한 다양한 체험을 한 곳에 할 수 있는 공간을 원하게 된다. 이렇다 보니 복합문화공간이 유행처럼 번지고 있고 그 안에서는 서로 다른 문화가 한 공간에 모여 새로운 정체성의 공간으로 변신하는 '카멜레존Chamelezone'이 매우 빠르게 확산되고 있다. 카멜레온에 공간을 뜻하는 'Zone'을 합성한 신조어인데 국내에서는 지난 2018년 KTX 광명역 인근의 복합쇼핑몰 아브뉴프랑 광명에 문을 연 아트센터 호반 아트리움이 K11과 유사한 카멜레존으로 관심을 끌고 있다. 삼성그룹, 아모레퍼시픽 등 대기업이나 동아일보 등 언론사 건물이나 대형 빌딩 내부에 미술관이 운영된 사례는 많았지만, 쇼핑몰과 아트센터를 결합된 방식은 호반 아트리움을 만든 호반건설이 선도적이었다. 호반 아트리움은 '모두가 함께하는 일상 속 문화의 정원'을 표방하며 실제로 이에 부합하도록 주거지와 가까운 곳에 위치해 있고, 내부에는 주상복합건물에서 볼 수 있는 음식점, 카페, 편의점 등이 입점해 있다.

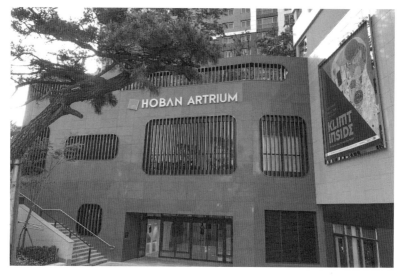

©호반 아트리움

한때 미술관과 공연장은 서울 시내에서 소위 잘나가는 핫플레이스의 전유물이었다. 그런데 호반건설은 예술이 특별한 장르가 아니라 우리 모두의 라이프스타일 중 하나라는 것을 아트리움을 통해 보여주고 있다. 국립현대미술관, 예술의전당 한가람미술관처럼 직접 찾아가야 볼 수 있는 전시나 공연이 아니라 일상 속에서 편안하게 즐기고 일상과 하나될 수 있는 예술을 제공하는 것이 호반 아트리움의 정체성이자 지향점이다. 2018년 여름에 시작된 개관 전시는 〈클림트 인사이드〉 전으로 오스트리아를 대표하는 작가 구스타프 클림트의 작품을 다양한 미디어를 통해 구현해 대중에게 생생한 감동을 전달하고자 한 전시였다. 이후 한국 미니멀리즘의 선구자로 불리며 단색화를 대표하는 작가 이우환과 김창열, 이강소, 전광영 등의 작품을 선보인 〈비움과 채움〉 전, 독일 출신의 세계적인 작가이자 노벨문학상 작가인 헤르만 헤세의 그림를 선보인 〈치유의 그림들〉 전 등이 개최되었다.

　2020년 3월 수원 광교에 문을 연 갤러리아 광교는 이름처럼 갤러리가 된 백화점으로 개장 전부터 주목받았다. 대형 미술관을 떠올리게 하는 이곳은 압구정을 잇는 갤러리아백화점의 두 번째 명품관으로 문화·예술에 특화된 공간이다. 기존의 백화점이 고객 마케팅의 일환으로 내부 공간의 일부를 미술 전시공간으로 사용해왔던 것과 달리 갤러리아 광교는 건물 전 층에 현대미술 작품을 전시해 백화점을 하나의 거대한 미술관으로 탈바꿈시켰다. 이제 새로 오픈하는 쇼핑몰은 예술 작품을 직접 활용하거나 활용하지 않더라도 공간 디자인의 요소로 활용되고 있다. 단순히 쇼핑하는 구매지의 역할을 넘어 고객에게 새로운 영감과 경험을 제공할 수 있는 공간으로 업그레이드된 것이다. 갤러리아 광교는 개장 후 1개월 동안 건물 내부 곳곳에 네덜란드 출신 현대미술 작가들의 작품과 디자인 상품들을 전시한 '더치 퍼레이드' 전시로 주목받았다. 주한 네덜란드 대사관과 함께 준비한 행사인데 네덜란드를 대표하는 국보급 작가 마르텐 바스의 '스위퍼즈 클락 Sweeper's Clock'을 비롯해 여러 작가의 작품을 선보이며 흥행에 성공했다. 또한 네덜란드를 대표하는 화가 빈센트 반 고흐의 '꽃 피는 아몬드 나무'가 대형 프린팅 작품으로 전시되었다. 건물 자체도 네덜란드 출신의 세계적인 건축가 렘 콜하스의 건축사무소 OMA가 설계하고 북유럽 특유의 실용적 디자인과 실험정신이 더해지면서 네덜란드 디자인은 갤러리아 광교가 전달하고 싶은 라이프스타일과 일맥상통한다. 이와 같이 소비자들의 세밀한 선호를 공략한 상점, 테마 카페, 복합문화공간, 쇼핑몰 등은 문화예술과 경제를 융합하는 컬처노믹스 시대의 대표사례가 되고 있다. 그리고 문화와 예술이 일상과 맞닿아 지역의 명소로 재탄생하면서 장소 브랜드가치를 향상시키는 원동력이 되고 있다.

이처럼 체험마케팅은 장소가 그 대상이 되어도 효과적으로 활용될 수 있다. 마케팅을 공부한 사람이라면 AIDMA, AISAS라는 용어를 한 번쯤 들어봤을 것이다. AIDMA는 고객의 구매 심리가 주목 Attention, 흥미 Interest, 욕망 Desire, 기억 Memory, 행동 Action 의 순으로 나타난다는 법칙이고 AISAS는 고객이 제품이나 서비스의 정보를 접하고 흥미를 느끼는 것까지는 동일하지만 AIDMA와 다른 점은 고객들이 인터넷에서 정보를 수집 Search 하고 행동 이후에 정보를 공유 Share 함으로써 다른 사람들의 정보 수집을 가능하게 한다는 점이다. 이러한 AISAS 법칙은 장소 체험에 있어서도 그대로 적용된다. 특정 장소에서 경험한 가치에 흥미를 느끼면 그 장소가 제공하는 재화나 서비스를 이용하게 되고, 이를 자신의 SNS와 구전을 통해 사람들과 공유하면서 명소로 발전할 수 있는 기회도 그만큼 커진다.

자기 정체성을 찾기 위해 고객과 장소브랜드 사이에서도 정체성을 동일시하는 현상이 나타나면서 충성도 높은 고객을 확보하고 브랜드를 확장해나가기 위해서는 고객 경험을 확대하고 이를 공유하게 하는 전략이 중요해지고 있는 것이다. 최근에 고객 경험은 비대면 가속화, 초개인화가 급속히 진행되면서 건강과 치유를 핵심으로 하는 웰니스 관광Wellness Tourism 시장의 확대로 나타나기도 한다. 문화체육관광부와 한국관광공사는 지난 2017년부터 웰니스 관광을 육성하기 위해 '추천 웰니스 관광지'를 선정해오고 있다. 경북 영주와 예천에 위치한 국립산림치유원, 강원도 홍천의 힐리언스선마을과 정선의 파크로쉬리조트 등이 대표적인데 기존의 템플스테이와 같은 방식과 함께 신체와 정신의 건강은 물론 사회적으로 건강한 상태를 의미하는 웰니스의 의미 그대로 온천과 휴양, 미용, 건강관리 등 자신의 취향에 맞는 힐링 베뉴를 찾는 사람들이 더욱 증가할 것으로 예상된다.

Case Study

: 엣지 있는 그 곳, 유니크 베뉴에 주목하라

　2010년 겨울, 뉴욕을 방문한 적이 있었다. 지금까지도 기억에 남는
일은 미국 프로농구^{NBA} 뉴욕 닉스의 홈구장을 구경하기 위해 방문한
메디슨스퀘어가든에서 공연, 콘서트, 공익캠페인 등 다른 행사가 훨씬
더 많이 개최되고 있다는 사실이었다. 메디슨스퀘어가든을 비롯해 앞
서 소개한 하이라인, 버려진 오레오 과자공장을 관광명소로 재탄생시
킨 첼시마켓 등이 유니크 베뉴^{Unique Venue}로 불리는 곳 중의 하나다. 장
소브랜딩의 새로운 트렌드 중 하나는 유니크 베뉴에 대한 선호가 높아
지고 있다는 점인데 새로운 경험에 대한 가치 때문에 체험마케팅 측면
에서도 유용한 도구로 인식되고 있다. 유니크 베뉴는 말 그대로 독특
한 장소이다. 특히 부가가치가 높은 마이스 산업에서는 도시의 고유한
문화와 역사, 특색이 담긴 장소로 전략적으로 활용된다.

　유니크 베뉴를 개발하기 위한 노력은 이미 세계적인 흐름으로 자리
잡고 있다. 영국은 20여 년 전부터 관광청 산하의 '유니크 베뉴 오브
런던'이라는 별도 전담기구를 설립해 박물관, 문화유적, 경기장 등 지
역의 명소들을 종합적으로 관리하고 있다. 국내에서는 문화체육관광부
와 한국관광공사를 중심으로 2017년부터 전국의 유니크 베뉴를 발굴

하고 웹사이트를 개설해 홍보하고 있다.

유니크 베뉴 육성을 통해 마이스 행사 참가자의 만족도를 높이고 지역 소비를 촉진시킬 뿐만 아니라 지역의 고유 자원과 인프라가 알려지면서 홍보 효과를 창출할 수 있다. 기존의 정형화된 공간의 틀을 깨고 목적에 맞게 변형 가능한 공간으로서 유연성을 발휘하는 대표적인 유니크 베뉴를 살펴보자.

무에서 유를 창조한 광명동굴

©광명시, 다양한 문화예술 콘텐츠로 구성된 광명동굴 내부

수년 전만 해도 광명시 하면 떠오르는 이미지는 서울, 시흥에 인접한 주거 도시, 볼 것 없는 베드타운이었다. 2006년에 광명스피돔이라는 사이클경기장이 생겼지만, 사행성 사업에 대한 좋지 않은 인식이 있어 도시 이미지 변화에 크게 영향을 주지 못했다. 광명시는 여느 서울의 위성도시와 다를 것 없는 주거 도시로서 순수한 관광객은 거의 없었다. 이런 광명시가 불과 수년 만에 새로운 도약을 위한 인프라와 콘텐츠 자산을 만들어가게 된다. KTX 광명역이 들어서고, 주말마다 교통 마비를 일으킨 이케아 광명점이 오픈하더니, 광명동굴이 2015년에 유료 개장하면서 많은 변화가 일어났다. 2011년 새우젓 창고였던 폐광을 광명시에서 43억 원에 매입하여 관광지로의 변화를 모색한 것이 시초였다.

현재 광명동굴은 수도권 유일의 동굴 테마파크이자 글로벌 관광아이템을 보유한 인기 관광지로 부상했다. 개장부터 인기몰이를 시작했고, 입소문을 타고 전국에 유명세를 떨치고 있다. 2015년 유료화 개장 이후 불과 10개월 만에 관광객 100만 명이 넘었고 수입 40억 원, 일자리 200여 개를 창출했다. 2016년에는 프랑스 라스코 동굴벽화 국제순회전, 판타지 전문영화제 등 국제 문화행사를 열었고 2019년 5월, 개장 4년여 만에 유료 누적 입장객 수 500만 명이라는 큰 기록을 세웠다. 특히 광명동굴의 인기몰이로 광명전통시장, 이케아, 철산역 상권 등 지역 경제가 동반 상승되면서 버려진 폐광에서 황금알을 낳는 거위의 표본이 되었다.

필자도 처음 방문할 땐 속으로 '동굴에 뭐 별거 있겠어?' 하고 집에서 가까운 곳이라 별생각 없이 방문했는데 동굴을 나오면서는 감탄사가 절로 나왔다. 다양한 콘텐츠와 볼거리, 쾌적하고 편안한 동선, 동굴지형의 특색을 살린 문화공연, 세심하게 준비한 서비스와 편의시설 등이 수준급 이상이었다. 2017년 광명동굴을 방한한 세계적인 투자가 짐 로저스는 "40년 폐광을 테마파크로 바꾼 광명동굴은 세계 어디에 내놓아도 손색없는 혁신사고의 사례"라고 극찬했다. 광명동굴을 알리기 위한 홍보 마케팅도 작은 지자체 수준에선 꽤 적극적이다. 프랑스 라스코 동굴, 프랑스 장식미술박물관과 제휴와 함께 국내외 여행전문기자단 초청 미디어 투어, 부천 판타스틱 영화제 기간 중의 영화 관계자 초청 팸투어 등이 그렇다. 광명시의 광명동굴 마이크로 사이트, SNS 채널을 통한 온라인 홍보도 꾸준히 진행해오고 있다.

광명동굴은 이러한 스토리와 접근성, 콘텐츠가 어우러져 한국관광공사에서 주관하는 2019 코리아 유니크 베뉴 30선에 선정되었다. 대규모 행사 개최가 가능한 장소로서 지역 고유의 문화와 매력을 가진 장소로 인정받은 것이다. 광명동굴은 유니크 베뉴 30선을 비롯해 2017 '한국 관광의 별' 수상, 2017년부터 4년 연속 '한국 관광 100선'에 선정되면서 명실상부한 관광명소로 자리 잡았다. 각 행사의 특성에 맞는 맞춤형 환대와 프로그램 운영도 가능하다. 대형 LED 스크린으로 환영 메시지 이벤트를 할 수도 있고, 1,000명을 동시에 수용할 수 있는 빛의 광장에서는 대형 행사를 진행할 수 있다. 동굴 내부의 다양한 볼거리와 함께 장소 자체의 독특함으로 인해 해외 기업의 대형 인센티브 투어 대상지로도 많은 관심을 받고 있다. 광명동굴은 관광지로서 공식 인증을 받으며 지역 관광지를 넘어 국제행사가 가능한 글로벌 마이스 행사 목적지로서의 가능성도 인정받고 있다. 광명동굴의 브랜드가치를 높이기 위해서는 다양한 콘텐츠 발굴과 홍보로 대형 마이스 행사를 유치해 지역 경제를 활성화시킬 수 있다. 유니크 베뉴로서의 화제성을 제시하는 노력이 더해진다면 충분히 가능한 일이다.

자동차 제조과정을 한눈에, 현대 모터스튜디오 고양

　일상에서 빼놓을 수 없는 수단 중 하나가 바로 자동차이다. 그런데 자동차 판매장이나 카센터가 아니라 하나의 상품이자 브랜드로서 제대로 보고 체험할 수 있는 공간을 찾기는 쉽지 않은 일이다. 자동차 테마파크 현대 모터스튜디오 고양은 고객의 니즈를 해결할 최적의 장소다. 자동차 제조과정을 한눈에 확인할 수 있고 새로 출시된 자동차를 마음 편히 시승할 수 있기 때문이다. 현대 모터스튜디오 고양은 무엇보다 국내 최대규모의 전시장인 킨텍스와 가깝기 때문에 각종 전시나 행사와 연계한 프로그램 구성이 가능하다. 건물 내부에는 현대자동차의 인기 모델인 쏘나타, 그랜저는 물론 제네시스 EQ900 프레스티지까지 다양한 차종이 전시되어 있고 전시된 차량은 모두 탑승해 볼 수 있다.

　단순히 차량 탑승만 가능한 것이 아니라 스토리텔러로 불리는 직원들이 자동차에 대한 기본 정보와 작동법, 탄생에 얽힌 스토리까지 상세히 알려주면서 이해의 폭을 넓힌다. 상설전시장에서는 자동차의 제조과정이 일목요연하게 전시되어 있고 지하 공간은 자율주행을 비롯해 최신기술을 체험하는 전시장으로 구성되어 있다. 전시장 중앙 로비 공간에는 벽면 전체에 에어백이 설치되어 있는데 루프를 떼어낸 전시 차량에서 에어백이 터지는 장면을 생생하게 관찰할 수 있다. 자동차의 심장인 엔진 기술을 보여주는 전시공간에서는 가속페달과 변속기를 체험할 수 있다. 스튜디오 3층에는 디자인 전시장이 구성되어 있는데 자동차 외형이 어떻게 만들어지는지 한눈에 확인할 수 있다.

　상설전시장의 하이라이트는 극장처럼 꾸며진 4차원4D 라이드 체험

관이다. 세계 최고의 자동차 경주로 알려진 월드랠리챔피언십WRC을
가상현실로 체험할 수 있는 공간이다. 체험이 시작되면 좌석이 마구
흔들리고 바람이 휘몰아치며 물방울이 튀어 오른다. 경주 차량의 타이
어를 교체하는 체험까지 할 수 있어 실제 자동차 경주를 하는 것과 유
사한 리얼리티를 경험할 수 있다. 현대 모터스튜디오는 고양뿐만 아니
라 서울 강남, 하남 스타필드 그리고 모스크바, 베이징 등 해외에서도
운영되고 있다. 각 지역의 모터스튜디오는 현대자동차가 지향하는 브
랜드의 가치와 미래상을 보여줌으로써 브랜드 놀이터로 만들고 고정팬
확보를 위해 노력하고 있다.

화학공장의 변신, 인천 코스모 40

인천 서구 가좌동에 있는 코스모 40은 코스모화학 공장단지의 40
동 건물을 리모델링한 곳으로 지난 2019년 4월, 경계 없는 영감의 공
간으로 재탄생했다. 과거에서 현재로 이어지는 장소에 얽힌 이야기, 독
특한 테마가 있는 공간과 콘텐츠로 인천의 새로운 유니크 베뉴로 부상
했다. 주변 지역 개발로 사라져가는 공업지역에서 보존의 가치를 살려
지역의 새로운 명소이자 커뮤니티 공간으로 재탄생시킨 것이다. 카페를
찾아왔다가 같은 공간에서 열리는 전시나 공연을 관람하고 자신의 취
향에 따라 다양한 문화 프로그램을 이용할 수 있다. 메인홀에서 사진
전이 열리고 오후 2시부터 새벽 6시까지 공연 프로그램이 같은 공간에
서 동시에 열린다. 1층에서는 스케이트 보더가 전시 작품 사이사이에

서 라이딩을 자유롭게 즐길 수 있다. 전시와 공연은 특정 장르나 형식에 얽매이지 않고 방문객들에게 영감을 줄 수 있는 프로그램을 마련하고 있다. 일반적으로 공연장의 공간은 일정 크기로 구분되어 물리적인 경계를 두고 있지만 코스모 40은 이러한 경계를 없애고 자유로운 기획을 추구하면서 실험적이고 아방가르드한 공간으로서 정체성을 입혀나가고 있다.

한국에서 카페는 지역 활성화의 관점에서 중요한 의미를 지닌다. 아무것도 없던 외딴 지역에 베이커리 카페가 들어서자 사람들이 찾아오기 시작하고 지역이 송두리째 변화되는 모습을 종종 목격하고 있다. 과거에 백화점이나 대형 마트가 담당했던 역할을 지역의 카페나 복합문화공간이 이어받고 있는 셈이다. 코스모 40 역시 이러한 지역의 상징성을 인정받아 2019년 인천광역시 건축상에서 대상을 받았다. 새롭게 재탄생한 공간이 역사성을 갖고 사람들의 인식을 전환하도록 기능하면서 장소의 확장성과 활용성을 인정받은 것이다.

자연 속에서 즐기는 짜릿한 레이싱, 인제 스피디움

땅은 우리나라에서 가장 넓고 인구밀도는 가장 낮은 곳으로 알려진 인제는 군인의 고장 정도로만 알려진 산골이었다. 이 산골을 전국에서 손꼽히는 레포츠의 천국으로 변화시킨 것은 2014년부터 운영된 모터스포츠 테마파크 '스피디움'이다. 스피디움은 자동차 마니아들은 물론이고 이색 여행지를 찾는 관광객 사이에서도 핫플레이스로 인기를 얻고 있다. 미국의 서킷 디자이너 앨런 윌슨이 설계해 화제가 된 이곳은 국제자동차연맹FIA 기준을 충족하는 총연장 3.9㎞의 경주 트랙에서 대규모 국제 경기를 개최할 수 있다. 스피디움 내부에는 숙박시설이 마련되어 있어 대자연 속에서 체류하며 원스톱으로 모터스포츠 문화를 즐길 수 있다. 빼어난 자연 속에서 안전하게 모험을 즐길 수 있고 프로 선수들은 물론이고 아마추어 카레이서와 일반인들도 주행이 가능하다. 이론과 주행 교육프로그램을 이수하면 서킷 라이선스도 취득할 수 있다. 라이선스가 없더라도 일반 택시와 마찬가지 전문 레이서가 운전하는 차량에 탑승해 짜릿한 레이싱을 즐기는 서킷 택시, 자신의 자동차로 서킷을 주행하는 서킷 사파리 등 취향에 맞게 즐길 수 있는 프로그램이 구성되어 있다.

차량 주행이 부담스러운 고객을 위해 서킷카트도 운행하는데 카트의 최고 속도는 약 60㎞지만 체감 속도는 약 150㎞로 레이싱의 짜릿함을 느끼기에 부족하지 않다. 이 밖에도 사륜형 이륜자동차인 ATV 체험존과 클래식카 경기장, RC카 경기장 등 다양한 시설을 갖추고 있어 복합 자동차 문화공간으로서 자동차 레이싱의 대중화에 큰 역할을 하고 있다.

한옥마을에 자리잡은 왕의 거처 호텔, 전주 '왕의지밀'

전라북도 전주에 위치한 '왕의지밀 한옥호텔'은 전통 한옥 양식을 갖추고 2018년 5월 문을 열었다. 아시아의 10대 명소라 불리는 전주 한옥마을이지만 그동안 전통의 품격과 멋을 느낄 수 있는 숙박시설이 마땅히 없었기 때문이다. 한옥이 주는 한국의 전통적인 분위기와 현대적 감각의 인테리어가 조화를 이루며 이색 숙박시설로 국내외 관광객들에게 주목받고 있다.

호텔 내부에 컨벤션센터가 있어 각종 세미나와 워크숍, 연회 등 목적에 맞는 행사를 개최할 수 있어 비즈니스 미팅과 컨벤션 행사, 네트워킹 파티 등 마이스 행사에서 이색적인 콘셉트의 이벤트 장소로도 인기를 얻고 있다. 왕의 거처 또는 침실을 뜻하는 왕의지밀은 11채의 한옥 건물이 2층으로 지어졌다. 각각의 건물들은 용틀임하는 형상을 닮은 이색적인 외관으로 SNS에서 인생샷 장소이자 옥캉스 장소로 입소문을 탔다. 옥캉스란 한옥과 바캉스가 합쳐진 신조어로 북적북적한 곳을 피해 고즈넉한 한옥의 감성을 느끼며 몸과 마음을 치유한다는 의미를 담고 있다. 객실은 조선시대 벼슬의 이름에서 착안해 정1품부터 정6품으로 등급을 구분했다. 전체 11개 동의 건물에 64개 객실을 보유하며 총 232명을 수용할 수 있다. 왕의지밀 건물 곳곳에서는 자연과 조화를 이루며 투숙객을 세심하게 배려하는 한옥의 매력을 확인할 수 있다. 넓은 앞마당을 푸른 잔디로 꾸며 남녀노소 누구나 걷고 뛰어놀 수 있다. 다양한 민속체험 프로그램을 즐길 수 있고 호텔 앞마당은 서로 대화를 나누고 친교를 맺는 교류와 소통의 공간으로 활용되고 있다. 전통과 현대가 어우러진 스몰웨딩이나 기획 의도에 맞는 연회도 가능하다. 호텔 인근도 볼거리가 많아 한옥마을을 비롯해 인근 편백나무 숲에서는 지친 몸과 마음을 치유하고 고즈넉한 산책을 즐기기에 제격이다. 가장 한국적인 도시 전주에서 가장 한국적인 숙박을 체험할 수 있는 왕의지밀과 같은 유니크 베뉴는 개별 자유여행과 체류형 관광이 주목받는 트렌드와 결합되어 더 증가할 것으로 예상된다.

이처럼 각 지역의 베뉴들은 관광지, 회의시설, 숙박시설, 레스토랑 등 관광콘텐츠가 독립적으로 기능하던 시대에서 상호 연계되고 원스톱으로 이용 가능한 시대로 발전하고 있다. 또한 창의적 스토리와 디자인이 적용된 복합적 공간으로 장소의 중심축이 옮겨 가는 추세에 있다. 분명한 것은 베뉴를 활용하는 목적은 달라도 다른 곳에서 찾아볼 수 없는 독특한 매력을 가진 곳이 사람들을 끌어당기는 명소로 더욱 더 주목받게 된다는 점이다. 싱가포르의 마리나베이 샌즈는 하나의 호텔에 불과하지만 한 국가의 성장 동력이 되고 있음은 우리에게 많은 것을 시사한다. 도시발전의 패러다임이 건축물과 같은 하드웨어 개발에서 문화 프로그램 같은 소프트웨어로, 이제는 AI와 빅데이터, 사물인터넷이 활용되는 창조적 생산과 융합의 시대로 변하고 있다. 잘 만들어진 베뉴가 지역의 상징이 되는 시대, 경쟁 우위에 있는 베뉴가 되려면 이러한 장소의 트렌드를 반영해 창조적 목적지로 발전시켜야 한다. 장소브랜딩의 이유가 바로 여기에 있다.

이형주 ㈜링크팩토리 이사
: 경험과 교류의 장소, 베뉴

　건국대를 비롯해 중앙대 예술대학원과 한국전시산업진흥회 등에서 베뉴마케팅 및 중소기업의 전시마케팅을 강의하고 있다. 킨텍스 1기로 입사, 10년간 전시장 운영과 전시회 유치, 기획 업무를 하고 퇴사했다. 그 후 창업하여 '별에서 온 그대' 드라마 전시회로 중국 관광객 11만 명을 유치했다. 2015년 산업통상자원부로부터 '미래 전시 어드벤처' 부문 장관상을 수상했다.

Q1 베뉴브랜딩으로 어떻게 지역을 활성화시킬 수 있나요?

《사람, 장소, 환대》의 저자 김현경은 환대란 타자에게 자리를 내어주는 것이라고 했다. 환대에 해당하는 영어단어 'Hospitality'는 '우호'라고도 번역되는데, 이런 번역을 통해 이 단어가 낯선 이들과 맺는 관계를 좀 더 분명히 알 수 있다. 도시가 잠재적인 친교의 공간을 만들어 준다고 할 때 누군가를 환대한다는 것은 그를 이 공간으로 들어오게 한다는 것이다. 이에 비추어 컨벤션센터나 호텔 행사 참가자들의 공식적인 만남의 장소라면 유니크 베뉴는 그들에게 '잊을 수 없는 체험'을 제공하는 은밀한 친교의 공간이다. 결국 도시가 행사로 활성화되기를 바란다면 이렇게 독특한 친교의 공간들로 우호적인 친구들을 만들어 낼 수 있어야 한다. 이것이 바로 유니크 베뉴가 지향해야 할 역할이자 도시나 국가가 지원해주어야 할 부분일 것이다.

Q2 유니크 베뉴가 더 유니크 해지려면 어떤 노력이 필요한가요?

한국의 유니크 베뉴들은 대략 6가지 유형을 띠고 있다. 한옥을 기반으로 전통문화 계승과 확산을 목적으로 하는 Traditional Venue, 한국의 유·무형적 역사와 문화콘텐츠를 품격 있는 공간에서 보여주는 Heritage Venue, 현대 건축과 콘텐츠로 세련미를 갖춘 Modern Venue, K-POP과 영화, 드라마, 자동차 등의 한류 콘텐츠를 공간에 접목시킨 Creative Venue, 자연과의 결합으로 친환경적 특징을 보이는 Natural Venue, 그리고 스포츠 이벤트 공간으로 역동적인 액티비티를 체험할 수 있는 Dynamic Venue가 그것이다. 이처럼 저마다 유형도 다르고, 다른 유형만큼 안고 있는 고민과 문제들도 다 제각각이지만 정리하면 결국 4가지 이슈들로 좁혀진다.

첫째, 홍보와 마케팅이다. 유니크 베뉴는 행사와 이벤트를 위한 시설로 쓰이도록 하는 것이기 때문에 대부분의 베뉴 담당자들에게 우선적으로 필요한 지원이 바로 홍보와 마케팅이다. 베뉴를 마케팅한다는 것은 결국 우리 베뉴에 어울리는 콘텐츠가 무엇인지를 파악해 그것과 연관된 행사를 주최하는 고객들에게 소구하는 것을 말한다. 실질적으로 무엇이 행사에 어울리는 콘텐츠이고 어떤 고객들에게 어떻게 어필해야 하는지를 우선적으로 파악하고 알려주는 노력이 필요하다.

둘째, 행정규제를 완화하는 것이다. 용도를 변경해 건축물을 사용할 때 행정당국의 까다로운 심사와 승인을 거쳐야만 하는 경우가 많다. 가령 한강에서 선박을 보유한 베뉴 사업자가 행사를 하려면 서울시 한강사업본부와 주변 민원인들의 요구사항을 반드시 처리해야 한다. 또 언덕에 있어 대중교통이 닿지 않는 베뉴에는 구청이나 시 단위의 대중교통 지원과 주차 문제 등이 해결되어야 한다. 이러한 이슈들은 대부분 일개 베뉴에서 호소한다고 될 일이 아니기에 행사를 개최하기 이전에 행사를 개최할 수 있는 인프라 구축의 관점에서 짚어나가야 한다.

셋째, 행사에 대한 체험과 교육이다. 공간을 행사에 활용하기 위해서는 무엇보다 베뉴의 경영진과 실무자들이 행사가 베뉴에 어떤 혜택과 기여를 할 수 있는지 알게 해야 한다. 그리고 행사 유치와 마케팅 방법들을 배울 수 있는 기회를 제공해야 한다. 행사가 베뉴의 이미지 홍보와 수익 창출에 기여하는 중요한 수단이라는 것을 깨닫게 되면 국가나 지자체에서 베뉴를 지원하지 않더라도 스스로 적극적인 행사 마케팅을 할 수 밖에 없을 것이다.

넷째, 네트워크 구축이다. 행사를 유치하고 개최하는 방법에 있어 현재 대부분의 유니크 베뉴들은 단순 대관 문의를 통해 들어온 행사를 개최하는 소극적인 수준에 머물러 있다. 베뉴의 담당자들이 소극적인 마케팅을 하는 것은 그것이 의지가 없어서라기보다는 실질적으로 행사 유치나 마케팅에 관한 지식과 교육을 접하지 못해서가 대부분이다. 지역 컨벤션센터와 컨벤션뷰로가 유니크 베뉴와의 네트워킹을 통해 행사의 오프닝과 피날레 등 부대 행사장으로의 활용을 유도하기만 해도 지금보다는 훨씬 활발한 연대가 구축될 것이다. 이것은 결국 도시 내의 체류시간을 늘려 지역의 경제활동에도 행사가 기여하는 실질적인 효과를 낼 수 있다.

Q3 지역관광활성화를 위한 베뉴의 역할과 방법에는 무엇이 있을까요?

한 마디로 어메니티^{Amenity}를 살려야 한다. 앙드레 말로는 '박물관은 인간의 가장 위대한 생각을 보여주는 장소'라고 했다. 박물관을 포함한 지역의 독특한 베뉴들은 그 지역의 역사와 미래를 보여주는 위대한 공간이어야 한다. 박물관은 기억이라는 화두로 과거를 반추한다. 경기장이나 공연장은 현재의 삶을 위로하고 일상을 벗어나게 한다. 컨벤션센터는 상상과 도전으로 미래의 모습을 제시한다. 결국 박물관, 미술관, 경기장, 공연장 또는 컨벤션센터는 인간의 과거와 현재를 통해 미래를 통찰할 수 있게 한다는 점에서 동일한 성격의 베뉴라고 할 수 있다. 박물관의 유니크 베뉴 개념은 박물관의 기능이 유물을 발굴, 보관, 전시, 교육하는 전통적인 기능에서 오락과 국제 관광의 기능으로 확대되었음을 의미한다. 즉, 유물 전시뿐 아니라 컨벤션 행사, 음악회 등 다양한 형태의 문화 이벤트를 유치하고 개최한다. 이는 참가자들에게 보통의 호텔이나 딱딱한 회의실을 벗어나 독특한 베뉴 고유의 특성과 지역 어메니티를 느끼게 하여 만족감을 제공한다. 이것이 바로 베뉴브랜딩의 역할이다. 결국 베뉴는 그 지역을 방문해야 할 이유이자 첫 번째 목적지여야 한다. 즉, 관광 활성화 관점에서 베뉴는 그 지역의 랜드마크 역할과 함께 관광객 유치를 위한 허브 역할을 한다. '베뉴마케팅-행사 유치-참가자 확대-관광 확대-도시브랜딩-지역경제 활성화'의 선순환을 위해 베뉴의 브랜드가 구축되어야 하는데 이는 기존의 임대 사업자 방식을 벗어나 그 베뉴가 갖고 있는 특성을 바탕으로 포지셔닝 되어야 한다.

결국 인간이다

초등학교 4학년 때로 기억한다. 당시 컬러판 지도 교과서였던 《사회
과부도》를 처음 받은 필자는 여러 나라와 도시의 지도를 뚫어지게 쳐
다보았다. 쉬는 시간에도 《사회과부도》를 보는 것이 가장 큰 즐거움이
었다. 유년 시절에 지도책으로 처음 접한 다양한 장소는 회색빛 도시
에 살면서 살맛 나는 도시 환경을 디자인하는 사람이 되고 싶다는 바
람으로 이어졌다. 이러한 바람은 훗날 대학에 입학해 건축디자인을 공
부하게 되었지만, 수학이 많고 직선적인 건축은 나와는 맞지 않는 옷이
었다.

군 생활과 제대 후 호주에서의 거주 경험을 통해 살기 좋은 도시를
설계하는 디자이너가 아닌, 도시를 매력적으로 알리는 일을 원하는 나
자신을 발견했다. 귀국 후에는 학부와 석사과정을 통해 경영, 광고 홍
보, 관광 분야의 지식을 쌓고 브랜드 커뮤니케이션을 업으로 삼아 내
가 사는 지역사회를 중심으로 공공의 선과 이익에 기여하겠노라 다짐
했다. 즉, '곳'의 가치를 알림으로써 더 나은 세상을 만들고자 하는 비
전에 따라 오늘도 열심히 동분서주하고 있다.

10년이면 강산이 변한다는 말은 이제 옛말이 되어버린 듯 세상의 속
도를 따라잡기가 힘든 시대에 살고 있다. 현대인들의 필수품이 된 스마
트폰이 불과 10여 년 전에 처음 출시되었다는 사실이 놀라울 정도다.

앞으로 우리가 살아갈 세상은 우리의 생각보다 더 빠르게 변화될 것이다. AI와 빅데이터로 대변되는 4차 산업혁명이 우리가 사는 집, 상점, 커뮤니티 공간, 마을, 도시 그리고 국가까지 모든 곳들을 바꿔나가고 있다. 그리고 이에 맞물려 세계의 장소들은 경쟁적으로 매력 어필에 나서고 있다.

　다른 거주지보다 더 나은 환경을 제공하는 최적의 주거지,
　다른 상점보다 더 편리하고 구매 혜택이 많은 최적의 구매지,
　다른 도시보다 더 많은 볼거리와 즐길거리가 가득한 최적의 관광지,
　다른 사무실보다 더 나은 접근성과 인프라를 갖춘 최적의 사업운영
　지로…

사람들의 주목을 받는 장소는 살고 싶고, 방문하고 싶은 곳으로 가치가 상승하는 반면, 사람들이 외면하는 장소는 반대의 상황에 직면해 쇠퇴의 길을 걷는다. 로마를 비롯해 과거에 잘나가던 도시들의 흥망성쇠, 그리고 경리단길의 사례에서 보듯 지금 잘나가는 장소들의 미래 모습은 현재를 어떻게 진단하고 브랜드화해서 사람들의 인식 속에 긍정적인 인식과 이미지를 심어줄 것인가에 달려 있다. 필자는 이 책을 통

해 장소브랜딩의 4가지 유형을 '리브랜딩, 마이스, 스마트시티, 베뉴'로 구분해 각 유형을 정의하고 대표사례를 통해 사랑받는 장소를 만들어가기 위한 방법을 독자들과 공유하고자 했다.

　뉴노멀 시대에 장소브랜딩은 더욱 각광을 받을 수밖에 없다. 장소를 둘러싼 다양한 이해관계자들을 모으고 지역과 도시 그리고 국가를 연결해 궁극적인 혜택을 제공하기 때문이다. 코로나19로 인한 라이프스타일의 변화는 장소브랜딩에도 영향을 주고 있다. 한국을 찾지 못하는 외국인들이 인터넷으로 한국의 흥을 간접적으로 경험하도록 만든 관광 홍보영상 'Feel the Rhythm of Korea'가 연일 화제가 되었듯이 사람들을 움직이려면 장소도 트렌드가 반영되어야 한다. 끌어당기는 ^{Push} 브랜딩에서 알아서 찾아오게 하는 ^{Pulling} 브랜딩으로 브랜드 커뮤니케이션의 패러다임이 바뀌면서 장소의 고객이 원하는 새로움과 즐거움으로 매력도를 높여야 경쟁력을 높일 수 있기 때문이다. 이렇게 '그곳'에 매력을 느낀 고객들은 직접 방문해 거주, 구매, 관광, 투자 등 각자가 원하는 활동을 하게 된다.

　이제, 장소 간 글로벌 경쟁의 시대에 우리나라에서도 브랜딩을 통해 타임스퀘어, 라데팡스, 오스틴, 꾸리치바, 유후인, 코펜하겐 니하운, 스톡홀름 하마비 허스타드, 츠타야 T-SITE, 테이트 모던, 첼시마켓과 같은 국제 경쟁력을 가진 브랜드들이 속속 등장하길 기대해본다. 그리고 이러한 장소브랜드가 우리의 삶을 더 행복하고 풍요롭게 만들어 줄 것을 믿는다. 장소도 브랜드도 결국 인간을 위한 것이기 때문이다.

막상 책을 낸다 생각하니 변변한 전공서 하나 쓰지도 못한 주제에 어설픈 잡문들 모음을 먼저 책으로 만든다는 것에 부끄럽기 짝이 없다. 그러나 천성이 게으른 필자가 제대로 된 책을 쓴다는 건 언감생심 불가능에 가까운지라 창피를 무릅쓰고 용기를 냈다. 혹 이 책을 읽으실 선배님들과 동료, 후배 그리고 업계 종사자분들께 송구한 마음 가눌 수 없다. 잘못된 지적이나 미처 생각지 못했던 점들은 항시 일깨워주시리라 생각하며 다만 몇 줄이라도 함께 공유할 수 있는 이야깃거리가 된다면 더 이상 바랄 게 없겠다.

끝으로 글로벌 시대, 세상 모든 장소들과의 경쟁에 있어 필수요소인 브랜딩이라는 묘약을 통해 작은 상점에서부터 도시와 국가에 이르기까지 대한민국 모든 장소들이 세계에서 가장 매력적인 곳으로 거듭나기를 진심으로 기대해본다.

국내

· 구철모·이경민·안지훈 강원도 스마트관광 발전방안 한국은행 강원본부
  2017

· 김영수·정의홍·김우현·이성일 지역을 살리는 로컬브랜딩 클라우드나인
  2018

· 김영수 도시브랜딩 전략 : 어떻게 도시브랜드를 만드는가?(Ⅱ) 월간 자치
  발전 2011년 3월호

· 김유경·김유신 공공브랜드의 이해 커뮤니케이션북스 2015

· 김재범·김지연 축제와 비즈니스가 하나 되는 곳-사우스바이사우스웨스
  트 한국콘텐츠진흥원 K-Contents 2016년 3·4월호

· 도시재생종합정보체계(http://www.city.go.kr)

· 메카피알 블로그(http://blog.naver.com/mecca_pr)

· 모비인사이드_흔한 전략기획의 브랜드 지키기 2018.03.12.(http://www.
  mobiinside.co.kr/2018/03/12/peter-experience)

· 박상훈·장동련 장소의 재탄생 디자인하우스 2009

· 서울디지털재단 해외 스마트시티 홍보 플랫폼 현황분석 2019

· 스마트시티 종합포털사이트(http://www.smartcity.go.kr)

· 오마이뉴스 세계가 주목한 인천의 도시브랜딩, 그 성공비결은
  2020.10.17.(http://www.ohmynews.com/NWS_Web/View/at_pg.aspx?CNTN_
  CD=A0002684604)

· 윤순학 존재의 이유, 거리 이름 2019.09.28.(http://brunch.co.kr/@ys5140/46)

· 윤영석·김우형 도시브랜딩 모라비안유니타스 2010

· 이광호 도시브랜드 구성요소로서 평택시 캐릭터 활용방안 연구 (사)한국 브랜드디자인학회 통권 제49호 2019

· 이준영 스페이스 브랜딩 공간을 통해 브랜드를 경험하다 제일기획 매거 진 2018년 8월호

· 이형주 도시는 왜 MICE를 원하는가? 2018.12.13.(http://brunch.co.kr/@shurat0/117)

· 이형주 베뉴란 무엇인가 2018.10.04.(http://brunch.co.kr/@shurat0/119)

· 임장희 매력적인 도시브랜딩 2011.04.16.(http://citybranding.tistory.com)

· 정보통신산업진흥원 해외 스마트시티 주요사례 분석-제4차 산업혁명과 소프트파워 이슈리포트 2018

· 정승수 스마트시티로 더 나은 미래를 만듭니다 KDI 경제정보센터 나라 경제 2020년 8월호

· 컬처마케팅연구소 음악과 함께하는 도시브랜딩 2017.08.23(http://blog.naver.com/withcumi/221080529605)

· 프럼에이 도시재생, 변화를 꿈꾸는 사람이 모여 세상을 변화시킨다 2017.08.21(http://froma.tistory.com/283)

· 프럼에이_도시 콘텐츠를 담는 성공적인 스토리텔링 마이스, 2019.06.13.
(http://froma.co.kr/548)

· 프럼에이 문화비축기지로 재탄생한 석유비축기지 2017.10.10(http://
froma.tistory.com/298)

· 한국경제신문 고양·인제는 모터, 전주는 한옥… 도시브랜드 키우는 유니
크 베뉴 2019.10.28(http://www.hankyung.com/economy/article/2019102847601)

· 한국교통연구원 미국의 스마트시티 챌린지 추진현황과 시사점 2017

· 황선영 문화적 도시재생을 위한 플레이스 브랜드의 역할 연구 (사)한국
브랜드디자인학회 통권 제50호 2019

· 호텔앤레스토랑 글로벌 시대 도시경쟁력을 위한 필수요소 도시브랜딩
2020.03.19(http://hoteltrend.tistory.com/1424)

· John A. Quelch · Katherine E.Jocz 모든 비즈니스는 로컬이다 반디출
판사 2012

국외

· TPBO How Covid-19 Will Change Place Branding Priorities for
Cities and Countries 2020.10.06(http://placebrandobserver.com/how-covid-
will-change-place-branding-priorities)

뉴노멀 시대의 장소브랜딩

초판 1쇄   2021년 02월 01일

지은이	이광호
발행인	김재홍
총괄 · 기획	전재진
디자인	이근택 김다윤
교정 · 교열	전재진 박순옥
마케팅	이연실

발행처	도서출판지식공감
등록번호	제2019-000164호
주소	서울특별시 영등포구 경인로82길 3-4 센터플러스 1117호(문래동1가)
전화	02-3141-2700
팩스	02-322-3089
홈페이지	www.bookdaum.com
이메일	bookon@daum.net

가격	16,000원
ISBN	979-11-5622-568-3 03320

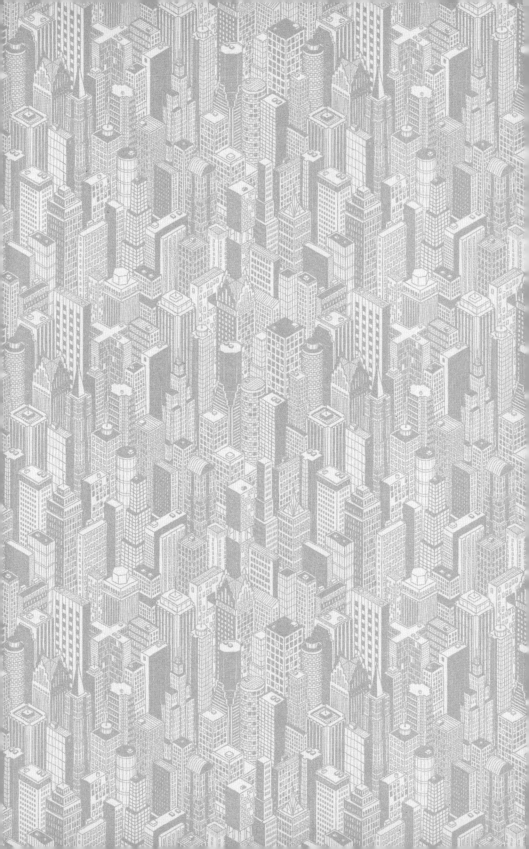